진짜진짜 한국사 교과서 논술

4권

조선 후기~대한 제국

KB030683

Siso Study

저자

김경선

아들 준수에게, 조카들에게, 동네 어린 친구들에게 재미있고, 유익한 이야기를 들려주고 싶어 글을 쓰고 있습니다. 2005년에 《미래과학사전》으로 과학기술부 과학문화재단에서 우수과학도서상을 받았고, 국립중앙박물관 음성 안내 서비스 원고와 국립한글박물관 어린이 책을 집필했습니다.
과학, 역사, 문화, 철학 등 다방면에 관심을 갖고 어린이·청소년 책을 기획하고 썼습니다. 그동안 쓴 책으로는 《와글와글 할 말 많은 세계사 1》, 《떴다! 지식 탐험대-인체, 공룡》, 《돌멩이랑 주먹도끼랑 어떻게 다를까?》, 《미니스커트는 어떻게 세상을 바꿨을까?》, 《꼰대아빠와 등골브레이커의 브랜드 썰전》, 《세상을 들여다보는 한자》, 《말공부 역사공부》, 《세상을 흔들어라 콘텐츠의 힘》 등이 있습니다.

한화주

어린이 책을 쓰고 있습니다. 친구랑 노는 것처럼 재미있고, 생각이 자라는 데 도움을 주는 글을 쓰고 싶습니다. 그동안 쓴 책으로는 《와글와글 할 말 많은 세계사 2》, 《신통방통 거북선》, 《공부가 쉬워지는 한국사 첫걸음》, 《떴다! 지식 탐험대-민속 편·인성 편》, 《미래를 살리는 착한 소비 이야기》, 《어린이를 위한 동물 복지 이야기》, 《대한민국 도시 탐험》, 《다문화 친구 민이가 뿔났다》, 《권정생의 호롱》 등이 있습니다.

강영주

어린이가 책을 재미있게 읽고 글을 잘 쓰는 방법을 연구하며, 국어(한글), 독해, 논술, 역사, 사회, 과학 분야에서 여러 책을 기획·집필하고 있습니다. 《고전 안에 일기 비법 있다!》가 한국출판문화산업진흥원 우수 콘텐츠로 선정되었으며, 현재 《한국사 잡는 독해》를 〈어린이 조선〉에 연재하고 있습니다.
그동안 쓴 책으로는 《내 손으로 그리는 한국사》, 《내 손으로 그리는 세계사》, 《역사 안에 속담 있다!》, 《맞춤법 잡는 글쓰기》, 《교원 용어 한국사》, 《교원 통째로 먹는 사회·과학》, 《기탄 한글떼기》 등이 있습니다.

감수

황은희

고려대학교 역사교육과를 졸업한 뒤 서울교육대학교 대학원 사회과교육과에서 공부했습니다. 초등학교에서 아이들을 가르치고 있으며, 그동안 쓴 책으로는 《그림으로 보는 한국사 2, 4, 5》, 《어린이들의 한국사》(공저), 《나의 첫 세계사 여행》(공저) 등이 있습니다.

머리말

'내일 뉴스'가 되는 역사

지금도 가끔 기억나는 만화가 있어요. 제목이 〈내일 뉴스〉였는데요. 만화 속 주인공이 다른 사람들은 모르는 내일 뉴스를 보며, 다음 날 어떤 일이 일어날지 미리 아는 내용이었어요. 어릴 적 그 만화 주인공이 얼마나 부러웠는지 몰라요. 나쁜 일은 미리 막고, 좋은 일은 더 많이 경험할 수 있을 테니까요. 만약 여러분도 내일 뉴스를 볼 수 있다면 어떻게 하겠어요?

영국의 시인 바이런은 "미래에 대한 최선의 예언자는 과거다."라고 말했어요. 과거를 보면 미래를 예측할 수 있다는 뜻이죠. 과거를 기록한 역사를 돌이켜 보면, 비슷한 일이 반복되는 걸 알 수 있어요. 우리는 지금 여러분에게 내일 뉴스를 소개하려고 해요.

삼국 시대 백제, 고구려, 신라 세 나라는 차례로 고대 국가의 기틀을 마련해요. 불교로 백성들의 마음을 한데 모으고, 왕권을 강화했지요. 그리고 나라의 질서를 만들기 위해 법을 만들었어요. 이렇게 나라의 기틀을 마련하자 세 나라는 차례로 전성기를 맞아요. 전성기를 맞은 순서도 나라의 기틀을 마련한 순서와 같이 백제, 고구려, 신라 순서였지요. 아마 당시에 누군가는 나라의 기틀을 마련하면 강한 나라로 발전할 수 있다는 것을 다른 나라의 역사를 보고 알고 있었을지 몰라요.

역사를 통해 알 수 있는 내일 뉴스는 이렇게 거창한 것만 있지 않아요. 역사는 결국 사람들의 이야기지요. 우리보다 앞서 살았던 역사 속 인물들의 행동과 선택을 답안지 삼아 우리의 문제를 해결할 수 있어요. 그들의 이야기가 결국 내 삶의 내일 뉴스가 되는 것이지요.

그런데 말이에요. 무작정 역사적인 사건을 외워서는 내일 뉴스를 제대로 볼 수 없어요. 역사를 공부하고, 그 의미를 생각하는 시간이 꼭 필요해요. 옛날이야기처럼 재미있는 역사 이야기를 읽고, 그 이야기에 담긴 의미를 논술 문제를 통해 곰곰이 생각해 보세요. 그러면 역사 실력도 늘고, 나만의 내일 뉴스도 볼 수 있을 거예요. 여러분의 멋진 내일을 기원합니다!

2021년 6월 저자 일동

이래서 좋아요!

쉽고 재미있고 똑똑하게 만나는 한국사

《진짜 진짜 한국사 교과서 논술》은 초등 사회 교과서를 중심으로 한국사와 논술을 결합한 학습서입니다. 이야기를 읽으며 역사를 재미있게 이해하고, 마인드맵으로 역사적 맥락을 쉽게 짚고, 서술·논술형 문제로 역사적 의미를 똑똑하게 파악할 수 있습니다. 여기에 스스로 세우는 학습 계획표와 자신의 학습 능력을 평가할 수 있는 수행 평가까지 마련되어 자기 주도 학습 습관을 확실하게 잡아 줍니다.

하루 3장, 100일 한국사 완성

선사~남북국 | 후삼국~고려 | 조선 건국~조선 후기 | 조선 후기~대한 제국 | 대한 제국~현대

선사 시대부터 우리가 살아가는 현대까지 한국사의 중요한 사건들을 총 5권으로 정리했습니다. 하루에 3장씩 이야기를 읽고 문제를 풀다 보면 100일 뒤에는 한국사의 전체 흐름을 이해하는 것은 물론, 역사적 안목까지 갖출 수 있어요.

만화처럼 흥미로운 스토리 한국사

진쌤과 은파, 미루와 함께하는 한국사는 지루하거나 어렵지 않습니다. 진쌤의 친절하고 꼼꼼한 설명과 은파와 미루의 톡톡 튀는 대화는 역사 이야기에 더욱 집중할 수 있게 해 줍니다.

어떻게 공부할까?

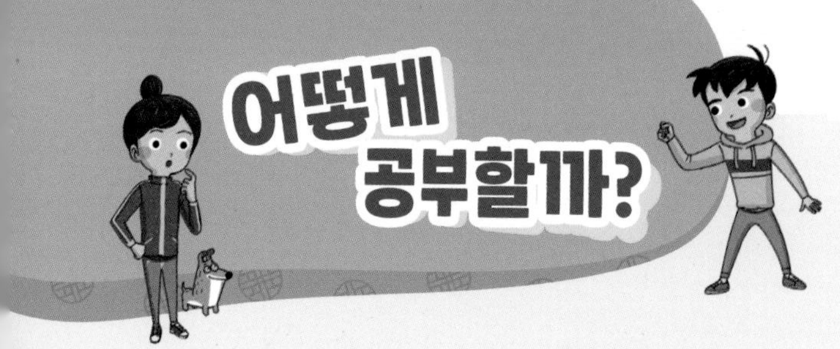

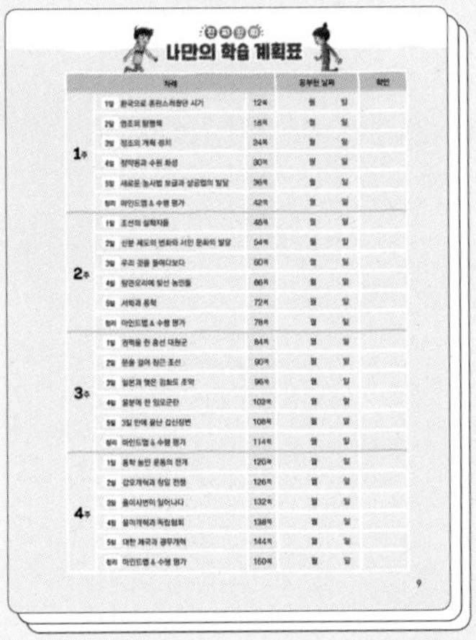

❶ 나만의 학습 계획표 짜기

하루에 하나씩 이야기를 읽고 1장의 문제로 점검합니다. 그럼 20일에 한 권을 완성할 수 있어요. '진짜 진짜 나만의 학습 계획표'를 보면서 스스로 학습 계획을 세워 보세요.

❷ 연표로 예상하기

본격적으로 이야기를 읽기 전, 공부할 내용을 미리 생각해 볼 수 있도록 구성했습니다. 대표 그림과 제목을 보고 무엇을 이야기하는지 짐작해 보세요. 또, 연표와 사진 등을 통해 어떤 사건이 일어났는지 확인한 다음, 앞으로 무슨 이야기가 펼쳐질지 미리 짐작해 보세요.

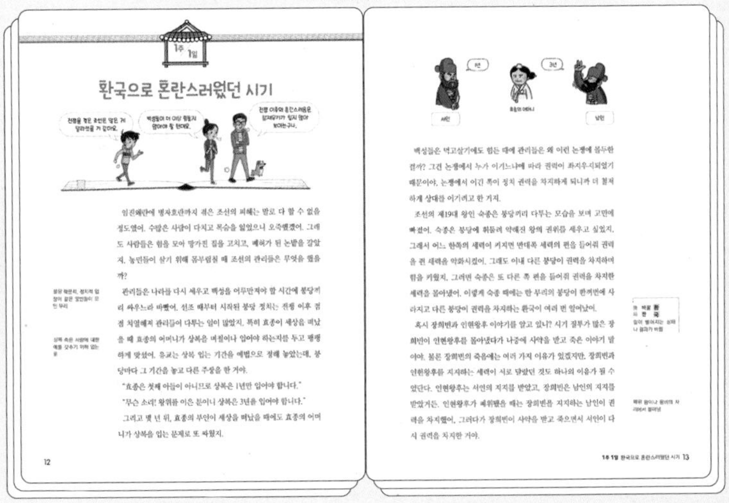

❸ 한국사 이야기 읽기

호기심 많은 은파와 미루, 친절하고 명쾌한 진쌤과 함께 한국사 이야기를 읽어 보세요. 이야기는 초등 사회 교과서를 중심으로 구성했으며, 중·고등 교과서에 실린 내용도 쉽게 풀어 다루었습니다. 교과 과정에서 꼭 다루는 역사적 사건을 비롯해 주요 인물, 역사 용어, 문화유산 등을 모두 담았습니다.

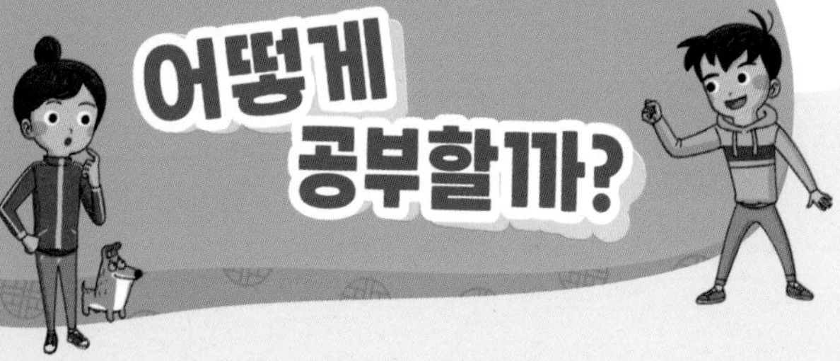

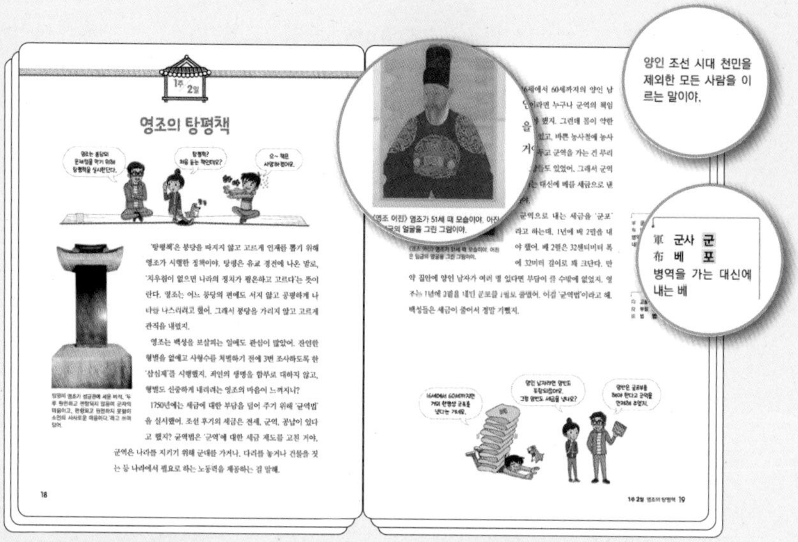

④ 풍부한 자료 읽기

어려운 단어가 있더라도 걱정하지 마세요. 내용을 쉽게 이해할 수 있도록 낱말과 역사 용어의 뜻풀이는 물론, 한자어까지 풀어놓았어요. 또한 당시 상황을 한눈에 알 수 있는 삽화와 정보를 담은 지도, 생생한 문화유산 사진 등 풍부한 시각적 자료를 제시해 읽고 해석하는 능력과 탐구 능력을 기를 수 있습니다.

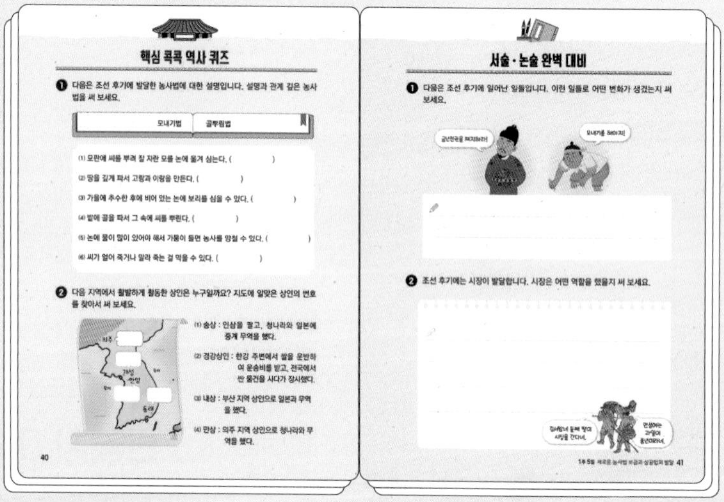

⑤ 핵심 콕콕 역사 퀴즈

이야기를 다 읽은 뒤에는 역사 퀴즈를 풀어 보세요. 핵심만 딱 짚어 주는 사건 및 용어를 바탕으로 문제를 구성했습니다. 어렵고 딱딱한 시험이 아니라 마치 게임을 하듯 재미있게 문제를 풀 수 있습니다.

⑥ 서술·논술 완벽 대비

핵심 개념을 퀴즈로 풀었다면, 이제 공부한 내용을 바탕으로 사고력을 높일 수 있는 서술 및 논술형 문제를 풀 차례입니다. 역사의 주요 사건을 중심으로 원인과 결과를 분석하고, 자신의 생각을 정리해 볼 수 있습니다.

❼ 한눈에 쏙 마인드맵

한 주 과정을 모두 마치고 난 다음, 역사적 사건과 맥락을 마인드맵으로 요약·정리합니다. 주요 사건의 앞뒤 상황을 이해하고 내용의 흐름을 한눈에 파악할 수 있습니다. 시험에 자주 나오는 핵심 개념 중심으로 정리한 마인드맵으로 체계적인 학습을 해 보세요.

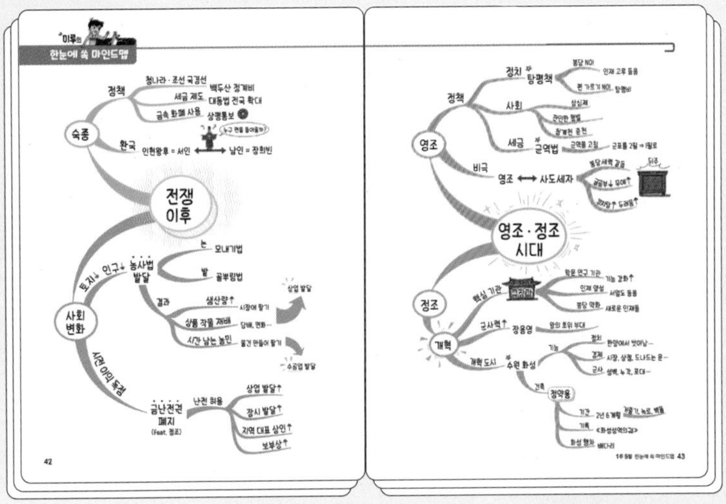

❽ 실전 대비 수행 평가

앞서 읽은 내용을 스스로 정리하며 마무리하는 활동입니다. 수행 평가를 미리 학습할 수 있어 교과 과정을 따라가는 데에도 효과적입니다. 다양한 활동으로 구성한 수행 평가로 자기 주도 학습 능력을 길러 보세요.

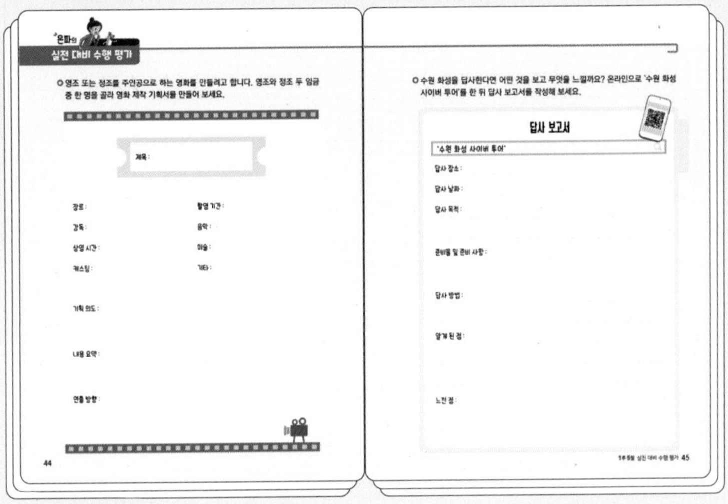

부록

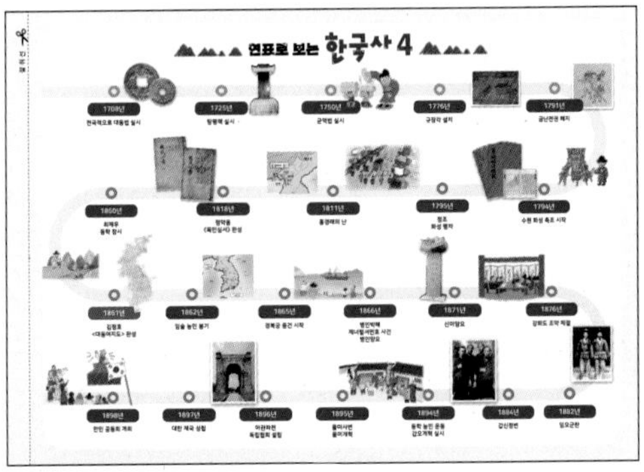

❶ 연표로 보는 한국사

각 권마다 시대별 주요 인물과 사건, 문화유산 등을 쭉 훑어볼 수 있는 연표가 수록되어 있습니다. 시대별 변화를 비교해 보며 역사와 문화, 인물, 생활 등을 한눈에 펼쳐 보세요.

❷ 마인드맵 노트 (세트 구매 시)

역사적 핵심 개념을 한눈에 확인하는 마인드맵을 직접 그려 보세요. 꼭 알아야 할 역사적 주요 사건이나 인물, 문화유산 등을 채우며 한국사 지식을 더욱 탄탄하게 쌓을 수 있습니다.

진짜진짜

교과 관련 연계 학습표

권	관련 교과
1권 선사 ~ 남북국	**초등** [사회 5-2] 1. 옛사람들의 삶과 문화 (1) 나라의 등장과 발전 **중등** Ⅰ. 선사 문화와 고대 국가의 형성 Ⅱ. 남북국 시대의 전개
2권 후삼국 ~ 고려	**초등** [사회 5-2] 1. 옛사람들의 삶과 문화 (2) 독창적 문화를 발전시킨 고려 **중등** Ⅲ. 고려의 성립과 변천
3권 조선 건국 ~ 조선 후기	**초등** [사회 5-2] 1. 옛사람들의 삶과 문화 (3) 민족 문화를 지켜 나간 조선 **중등** Ⅳ. 조선의 성립과 발전
4권 조선 후기 ~ 대한 제국	**초등** [사회 5-2] 2. 사회의 새로운 변화와 오늘날의 우리 (1) 새로운 사회를 향한 움직임 **중등** Ⅴ. 조선 사회의 변동
5권 대한 제국 ~ 현대	**초등** [사회 5-2] 2. 사회의 새로운 변화와 오늘날의 우리 (2) 일제의 침략과 광복을 위한 노력 (3) 대한민국 정부의 수립과 6 · 25 전쟁 **초등** [사회 6-1] 1. 우리나라의 정치 발전 (1) 민주주의의 발전과 시민 참여 2. 우리나라의 경제 발전 (2) 우리나라의 경제 성장 **중등** Ⅵ. 근·현대 사회의 전개

* 중학교 역사 교과서는 금성출판사를 바탕으로 기재했습니다.

진짜진짜

나만의 학습 계획표

차례				공부한 날짜	확인
1주	1일	환국으로 혼란스러웠던 시기	12쪽	월 일	
	2일	영조의 탕평책	18쪽	월 일	
	3일	정조의 개혁 정치	24쪽	월 일	
	4일	정약용과 수원 화성	30쪽	월 일	
	5일	새로운 농사법 보급과 상공업의 발달	36쪽	월 일	
	정리	마인드맵 & 수행 평가	42쪽	월 일	
2주	1일	조선의 실학자들	48쪽	월 일	
	2일	신분 제도의 변화와 서민 문화의 발달	54쪽	월 일	
	3일	우리 것을 들여다보다	60쪽	월 일	
	4일	탐관오리에 맞선 농민들	66쪽	월 일	
	5일	서학과 동학	72쪽	월 일	
	정리	마인드맵 & 수행 평가	78쪽	월 일	
3주	1일	권력을 쥔 흥선 대원군	84쪽	월 일	
	2일	문을 걸어 잠근 조선	90쪽	월 일	
	3일	일본과 맺은 강화도 조약	96쪽	월 일	
	4일	울분에 찬 임오군란	102쪽	월 일	
	5일	3일 만에 끝난 갑신정변	108쪽	월 일	
	정리	마인드맵 & 수행 평가	114쪽	월 일	
4주	1일	동학 농민 운동의 전개	120쪽	월 일	
	2일	갑오개혁과 청일 전쟁	126쪽	월 일	
	3일	을미사변이 일어나다	132쪽	월 일	
	4일	을미개혁과 독립협회	138쪽	월 일	
	5일	대한 제국과 광무개혁	144쪽	월 일	
	정리	마인드맵 & 수행 평가	150쪽	월 일	

1708년
전국적으로 대동법 실시

1725년
탕평책 실시

1750년
균역법 실시

1주

1776년 규장각 설치

1791년 금난전권 폐지

1794년 수원 화성 축조 시작

1주 1일

환국으로 혼란스러웠던 시기

임진왜란에 병자호란까지 겪은 조선의 피해는 말로 다 할 수 없을 정도였어. 수많은 사람이 다치고 목숨을 잃었으니 오죽했겠어. 그래도 사람들은 힘을 모아 망가진 집을 고치고, 폐허가 된 논밭을 갈았지. 농민들이 살기 위해 몸부림칠 때 조선의 관리들은 무엇을 했을까?

붕당 학문적, 정치적 입장이 같은 양반들이 모인 무리

상복 죽은 사람에 대한 예를 갖추기 위해 입는 옷

관리들은 나라를 다시 세우고 백성을 어루만져야 할 시간에 붕당끼리 싸우느라 바빴어. 선조 때부터 시작된 붕당 정치는 전쟁 이후 점점 치열해져 관리들이 다투는 일이 많았지. 특히 효종이 세상을 떠났을 때 효종의 어머니가 상복을 며칠이나 입어야 하는지를 두고 팽팽하게 맞섰어. 유교는 상복 입는 기간을 예법으로 정해 놓았는데, 붕당마다 그 기간을 놓고 다른 주장을 한 거야.

"효종은 첫째 아들이 아니므로 상복은 1년만 입어야 합니다."

"무슨 소리! 왕위를 이은 분이니 상복은 3년을 입어야 합니다."

그리고 몇 년 뒤, 효종의 부인이 세상을 떠났을 때에도 효종의 어머니가 상복을 입는 문제로 또 싸웠지.

백성들은 먹고살기에도 힘든 때에 관리들은 왜 이런 논쟁에 몰두한 걸까? 그건 논쟁에서 누가 이기느냐에 따라 권력이 좌지우지되었기 때문이야. 논쟁에서 이긴 쪽이 정치 권력을 차지하게 되니까 더 철저하게 상대를 이기려고 한 거지.

조선의 제19대 왕인 숙종은 붕당끼리 다투는 모습을 보며 고민에 빠졌어. 숙종은 붕당에 휘둘려 약해진 왕의 권위를 세우고 싶었지. 그래서 어느 한쪽의 세력이 커지면 반대쪽 세력의 편을 들어줘 권력을 쥔 세력을 약화시켰어. 그래도 이내 다른 붕당이 권력을 차지하며 힘을 키웠지. 그러면 숙종은 또 다른 쪽 편을 들어줘 권력을 차지한 세력을 몰아냈어. 이렇게 숙종 때에는 한 무리의 붕당이 한꺼번에 사라지고 다른 붕당이 권력을 차지하는 환국이 여러 번 일어났어.

換 바꿀 **환**
局 판 **국**
일이 벌어지는 상태나 결과가 바뀜

혹시 장희빈과 인현왕후 이야기를 알고 있니? 시기 질투가 많은 장희빈이 인현왕후를 몰아냈다가 나중에 사약을 받고 죽은 이야기 말이야. 물론 장희빈의 죽음에는 여러 가지 이유가 있겠지만, 장희빈과 인현왕후를 지지하는 세력이 서로 달랐던 것도 하나의 이유가 될 수 있단다. 인현왕후는 서인의 지지를 받았고, 장희빈은 남인의 지지를 받았거든. 인현왕후가 폐위됐을 때는 장희빈을 지지하는 남인이 권력을 차지했어. 그러다가 장희빈이 사약을 받고 죽으면서 서인이 다시 권력을 차지한 거야.

폐위 왕이나 왕비의 자리에서 몰아냄

▲ 장희빈을 지지한 남인 ▲ 인현왕후를 지지한 서인

이렇게 왕의 지지에 따라 권력을 차지할 수도, 잃을 수도 있다 보니 자연히 붕당은 왕의 눈치를 더 보게 됐어. 이렇게 되면 결국 왕권이 강해진단다. 하지만 관리들이 갈라져 다투는 것은 나라에 큰 손해였어. 게다가 왕과 뜻을 달리한다는 이유로 일 잘하던 관리가 쫓겨나기도 하고, 목숨을 잃기도 하는 것도 큰 문제였지.

숙종은 강한 힘으로 나라를 다스렸어. 가장 먼저 외적의 침입을 막기 위해 산성을 다시 쌓고 군사 제도를 재정비했지. 그리고 청나라와 협상해서 백두산에 백두산정계비를 세웠어. 백두산정계비로 청나라와 조선의 국경선을 삼은 거지.

또한 전쟁 이후 실시했던 대동법을 전국적으로 확대했어. 대동법이 무엇인지는 잘 알지? 특산물 대신 쌀을 세금으로 내는 제도잖아. 쌀을 얼마나 내야 하는지에 대한 기준은 토지로 정했어. 토지가 많

定 정할 **정**
界 경계 **계**
碑 비석 **비**

大 큰 **대**
同 같을 **동**
法 법 **법**

은 사람은 쌀을 많이 내고, 토지가 적은 사람은 쌀을 적게 내는 거지. 즉, 대동법은 땅을 많이 가진 사람에게서 세금을 더 많이 걷는 제도야. 대동법은 농민들의 세금을 줄이는 대신 땅이 많은 양반들의 세금을 늘린 획기적인 제도였지만, 양반들의 반대가 거셌어. 그래서 일부 지역에서만 실시되다가 숙종 때에 와서야 전국으로 확대된 거야.

상평통보

숙종 때에는 금속 화폐가 널리 사용되었단다. 그동안 여러 번 화폐가 발행되었지만 널리 쓰이지 못했는데 숙종 때 발행한 상평통보는 전국적으로 이용되었지.

常	항상	상
平	평평할	평
通	통할	통
寶	보배	보

〈김육 초상〉 양반들의 반대를 무릅쓰고 대동법이 전국으로 확대되도록 애쓴 관리야.

《호서대동사목》 충청도에서 대동법을 시행하는 데 따른 여러 원칙을 기록한 책이야. 김육이 1654년에 편찬했어.

핵심 콕콕 역사 퀴즈

○ 다음은 조선 제19대 왕 숙종 때의 대화입니다. 괄호에 들어갈 알맞은 말을 써 보세요.

바구니 한 개 주시오.

여기 있소.

(1) 바구니 값은 금속 화폐인 (　　　　　　　　)(으)로 내겠소.

한 냥이오.

이번에 백두산에
큰 비석을 세웠다면서?

청나라와 우리 조선의 국경선을
구분하기 위해 세운 것이라네.

(2) 아, (　　　　　　　　) 말이군.

올해는 비가 적어 사과가 작년의
반밖에 열리지 않았다네.

그러게 말일세.
공납을 내야 하는데 큰일일세.

(3) 걱정할 게 뭐 있나?
이제 우리 마을에서도
(　　　　　)이/가 시작됐는데.

아, 그럼 이제 사과 대신
쌀을 내면 되겠군.

서술 · 논술 완벽 대비

1 광해군이 처음 시행한 대동법이 숙종 때에 와서야 전국으로 확대된 이유는 무엇인지 써 보세요.

광해군 —— 인조 —— 효종 · 현종 —— 숙종

1608년 → 1708년

경기도　강원도　충청도·전라도　황해도·경상도

2 숙종 때에 여러 번 일어난 환국의 문제점을 써 보세요.

1주 2일

영조의 탕평책

탕평비 영조가 성균관에 세운 비석. '두루 원만하고 편향되지 않음이 군자의 마음이고, 편향되고 원만하지 못함이 소인의 사사로운 마음이다.'라고 쓰여 있어.

'탕평책'은 붕당을 따지지 않고 고르게 인재를 뽑기 위해 영조가 시행한 정책이야. 탕평은 유교 경전에 나온 말로, '치우침이 없으면 나라의 정치가 평온하고 고르다'는 뜻이란다. 영조는 어느 붕당의 편에도 서지 않고 공평하게 나라를 다스리려고 했어. 그래서 붕당을 가리지 않고 고르게 관직을 내렸지.

영조는 백성을 보살피는 일에도 관심이 많았어. 잔인한 형벌을 없애고 사형수를 처벌하기 전에 3번 조사하도록 한 '삼심제'를 시행했지. 죄인의 생명을 함부로 대하지 않고, 형벌도 신중하게 내리려는 영조의 마음이 느껴지니?

1750년에는 세금에 대한 부담을 덜어 주기 위해 '균역법'을 실시했어. 조선 후기의 세금은 전세, 군역, 공납이 있다고 했지? 균역법은 '군역'에 대한 세금 제도를 고친 거야. 군역은 나라를 지키기 위해 군대를 가거나, 다리를 놓거나 건물을 짓는 등 나라에서 필요로 하는 노동력을 제공하는 걸 말해.

〈**영조 어진**〉 영조가 51세 때 모습이야. 어진은 임금의 얼굴을 그린 그림이야.

16세에서 60세까지의 양인 남자들이라면 누구나 군역의 책임을 져야 했지. 그런데 몸이 약한 사람도 있고, 바쁜 농사철에 농사일을 놔두고 군역을 가는 건 무리인 사람들도 있었어. 그래서 군역을 가는 대신에 베를 세금으로 낸 거야.

양인 조선 시대 천민을 제외한 모든 사람을 이르는 말이야.

군역으로 내는 세금을 '군포'라고 하는데, 1년에 베 2필을 내야 했어. 베 2필은 32센티미터 폭에 32미터 길이로 꽤 크단다. 만약 집안에 양인 남자가 여러 명 있다면 부담이 클 수밖에 없었지. 영조는 1년에 2필을 내던 군포를 1필로 줄였어. 이걸 '균역법'이라고 해. 백성들은 세금이 줄어서 정말 기뻤지.

軍 군사 **군**
布 베 **포**
병역을 가는 대신에 내는 베

均 고를 **균**
役 부릴 **역**
法 법 **법**

"아이고, 이를 어째! 장마에 물난리가 났어."

이게 무슨 일이냐고? 비가 갑자기 너무 많이 오면 물난리를 겪기도 하잖아. 조선 시대에도 비가 많이 올 때면 청계천 물이 넘쳐서 마을을 덮치는 일이 있었어. 그래서 백성들은 장마철이면 홍수가 날까 봐 걱정이었지. 그것이 늘 안타까웠던 영조는 '청계천 준천 사업'을 벌였어. 준천 사업은 물이 잘 흐르도록 개천 바닥에 쌓인 흙을 파내고 그 주변에 둑을 쌓는 거야. 그러면 비가 많이 오더라도 물이 넘치는 걸 막을 수 있지. 백성들은 청계천 준천 사업에 발 벗고 나섰어.

준 濬 깊을
천 川 내

"열심히 일하세. 그러면 홍수 걱정은 사라질 거야."

"그뿐인가? 홍수 걱정도 덜고 일한 대가도 받으니 일할 맛이 난다니까."

백성들은 더 흥이 나서 일을 했어. 힘든 일을 하는데 왜 흥이 나느냐고? 나라에서 일을 시키면 백성들은 돈을 받지 않고 일해야 했잖아. 그런데 영조는 청계천을 공사할 때 일한 백성에게 품삯을 쳐주었어. 당시 농사지을 땅이 없어 떠돌던 사람들에게 좋은 일자리를 만들어 준 셈이지.

이렇게 백성을 위한 정치를 펼친 영조에게도 안타까운 일이 있었어. 바로 아들 사도세자의 죽음이었지. 영조의 아들 사도세자는 어릴 적에는 똑똑하고 공부도 열심히 해서 영조의 기대와 사랑을 듬뿍 받았어. 그런데 시간이 지나면서 점점 어긋나기 시작했지. 사도세자가 무예를 좋아해서 글공부를 게을리하다 보니 영조의 눈밖에 난 거야. 또한 몰래 궁 밖을 돌아다니는 등 자꾸 세자의 신분에 맞지 않는 행동을 해서 영조의 화를 돋우었지. 실망한 영조는 사도세자를 엄하게 꾸짖었어. 사도세자는 영조에게 혼날수록 더욱 영조를 무서워하게 되었어.

思 생각 **사**
悼 슬퍼할 **도**
사도세자라는 시호는 훗날 영조가 아들의 죽음을 슬퍼하면서 붙였어.

게다가 영조와 사도세자 사이를 이간질이라도 하듯이 세자의 잘못을 지적하는 무리들이 있었어. 이들은 사도세자가 왕이 되는 것을 지지하지 않는 세력이었지. 사이 좋은 아버지와 아들이었던 영조와 사도세자의 갈등은 점점 깊어졌어. 영조는 사도세자를 보면 화가 났고, 사도세자는 아버지 영조가 두려워서 괴로웠지. 어느 날 화가 난 영조는 사도세자의 잘못을 도저히 용서할 수 없었어. 결국 영조는 사도세자를 세자 자리에서 물러나게 하고, 쌀을 보관하는 뒤주에 가뒀어. 며칠 뒤 사도세자는 뒤주에 갇혀 죽고 말지.

융릉 경기도 화성시에 있는 사도세자와 부인 혜경궁 홍씨를 같이 묻은 무덤이야.

핵심 콕콕 역사 퀴즈

1 다음 탕평책에 대한 설명에서 잘못된 것을 찾아 번호를 써 보세요. (   )

(1) 붕당 정치의 문제점을 해결하기 위해 탕평책을 펼쳤다.

(2) 탕평은 유교 경전에서 나온 말로, 치우침이 없으면 나라의 정치가 평온하고 고르다는 뜻이다.

(3) 붕당을 따지지 않고 인재를 고르게 뽑았다.

(4) 탕평책으로 붕당은 뿌리 뽑히고 세력 갈등이 사라졌다.

2 다음에서 설명하고 있는 영조의 정책이 무엇인지 써 보세요.

3 다음은 영조가 벌인 사업에 참여한 백성들의 대화입니다. 백성들이 무슨 사업에 참여했을지 써 보세요.

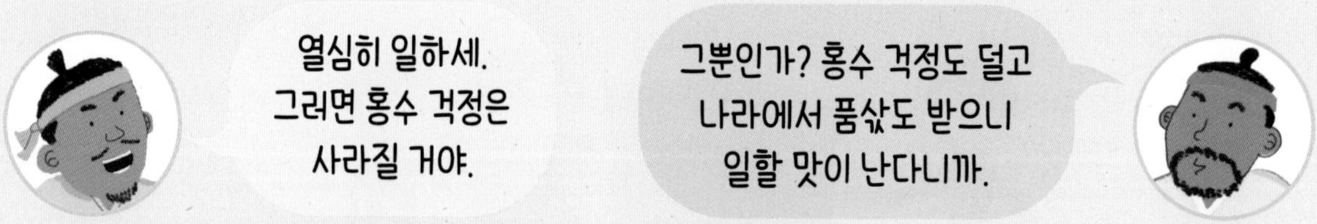

서술·논술 완벽 대비

❶ 다음은 영조의 정책들입니다. 이들의 공통점이 무엇인지 써 보세요.

균역법　　청계천 준천 사업　　삼심제　　잔인한 형벌 폐지

❷ 대동법과 균역법을 실시하면서 나타난 변화는 무엇인지 생각해서 써 보세요.

정조의 개혁 정치

맞아, 정조가 왕이 되는 건 쉽지 않았어. 사도세자를 반대했던 세력들은 사도세자의 아들이 왕이 되는 걸 원치 않았지. 정조가 왕이 되던 해에는 암살하려던 무리까지 있었어. 하지만 왕이 된 정조는 개인적인 원한을 내려놓고, 아버지 세도세자를 죽이는 데 앞장선 무리를 내치지 않고 받아들였지. 정조는 자신을 반대하는 무리를 이겨 내고 왕권을 강화하여 나라를 개혁하려 했어.

奎 별 **규**
章 글 **장**
閣 집 **각**
임금이 쓴 시문이나 글씨를 보관하는 곳

개혁의 밑바탕이 된 곳은 '규장각'이었어. 세종에게 집현전이 있었다면, 정조에게는 규장각이 있었지. 원래 규장각은 조선 왕들의 글과 왕실에서 관리하는 책을 모아 둔 도서관 같은 곳이었어. 정조는 이곳에 수만 권의 책을 새로 들이고, 젊은 관리를 뽑아 학문을 연구하는 기관으로 만들었어.

〈규장각도〉 정조가 즉위한 해인 1776년에 창덕궁 후원에 만든 규장각을 김홍도가 그린 그림이야.

정조는 젊은 인재들이 열심히 공부하고 연구할 수 있도록 적극적으로 도왔어. 공부에만 집중할 수 있도록 잡다한 일을 시키는 경우가 없었고, 춥거나 더울 때면 집에서 글을 읽을 수 있게 배려했지. 하지만 공부를 게을리하면 벌을 주기도 했어.

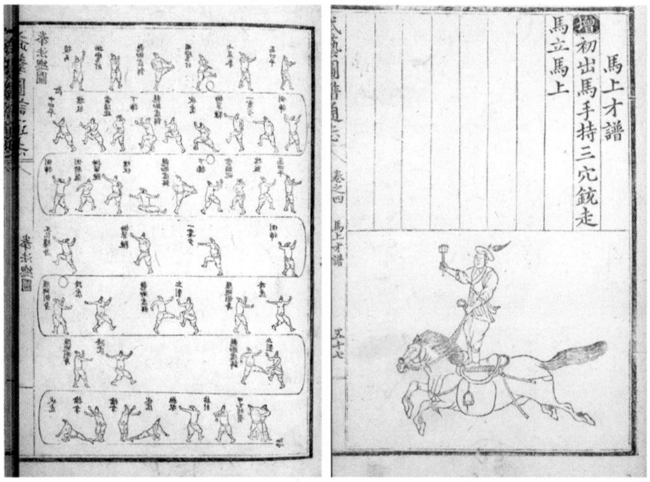

《무예도보통지》 정조의 명으로 규장각 관리인 이덕무와 박제가가 장용영 소속 장교 백동수 등과 함께 편찬한 무예 교본이야. 이들은 모두 신분이 서얼이었어.

게다가 정조는 당시 벼슬을 할 수 없었던 신분인 서얼도 규장각의 관리로 뽑았단다. 이렇게 등용된 규장각의 실력 있는 인재들은 정조를 돕는 세력이 되었지. 젊고 유능한 인재들이 나라의 중심이 되면서 자연히 붕당 세력은 힘이 약해질 수밖에 없었어.

서얼 서자와 얼자를 이르는 말로 서자는 양반과 양민 여성 사이에 낳은 아들이고, 얼자는 양반과 천민 여성 사이에 낳은 아들이야.

정조는 군사 개혁을 위해 필요한 세력도 키웠어. 바로 '장용영'을 둔 거야. 조선에는 원래 중앙에 군사 조직이 있었지만 이것과는 별개로 왕의 호위 부대인 장용영을 만들었지. 정조는 장용영을 만들어 자신을 지키고, 군사력까지 쥐는 효과를 보았어.

壯 씩씩할 **장**
勇 날랠 **용**
營 경영할 **영**
국왕을 보호하고 지키는 군대로, 왕권을 강화하기 위해 만들었어.

華 빛날 화
城 재 성

수원 화성은 정조가 수원에 세운 신도시야. 돌아가신 아버지 사도세자를 위한 도시이기도 하지. 수원을 신도시로 계획하면서 정조가 가장 먼저 한 일이 사도세자의 무덤을 수원으로 옮긴 거였거든. 정조는 개혁을 방해하는 세력에서 벗어나 이곳 수원 화성에서 마음껏 개혁 정치를 펼치고 싶어 했지.

정조의 수원 화성은 한양 못지않은 정치와 경제의 중심지이자 군사적 기능까지 갖춘 완벽한 도시였어. 정조는 수원을 경제가 중심이 되는 도시로 성장시키려고 했어. 그래서 농사에 필요한 저수지를 만들고, 상점과 시장을 열었지. 또, 친위 부대인 장용영도 곳곳에 두어 군사력까지 갖추었단다. 그런 다음 누구든 화성에 와서 살면 세금을 면제해 주겠다며 적극적으로 백성들의 이주를 이끌었지.

이주 다른 곳으로 옮겨 머무름

1794년, 본격적으로 수원 화성을 건설하기 시작했고 다음 해에 정조는 많은 신하를 이끌고 수원으로 향했어. 화성 행차는 수천 명이 이동하는 국가의 큰 행사였지. 백성들은 화려하고 웅장한 왕의 행차를 보기 위해 거리로 모여들었어.

정조는 이때를 백성을 만나는 기회로 삼았단다. 백성을 어떻게 만났느냐고? 왕에게 하고 싶은 말이 있는 사람은 왕이 지날 때 꽹과리를 쳐서 관심을 끌었어. 이것을 '격쟁'이라고 해. 정조는 백성의 격쟁을 귀 기울여 들었어. 격쟁의 내용은 관리들의 부정부패와 판결의 억울함을 알리는 게 가장 많았다고 해. 백성의 하소연을 들은 정조는 고충을 해결해 주고, 마을을 지날 때면 쌀을 나눠 주며 백성에 대한 사랑을 보여 주었어.

擊 칠 **격**
錚 쇳소리 **쟁**

〈화성원행반차도〉의 어좌마 부분 왕의 얼굴은 함부로 그리지 않는 원칙에 따라 왕이 탄 말에 정조를 그리지 않았어.

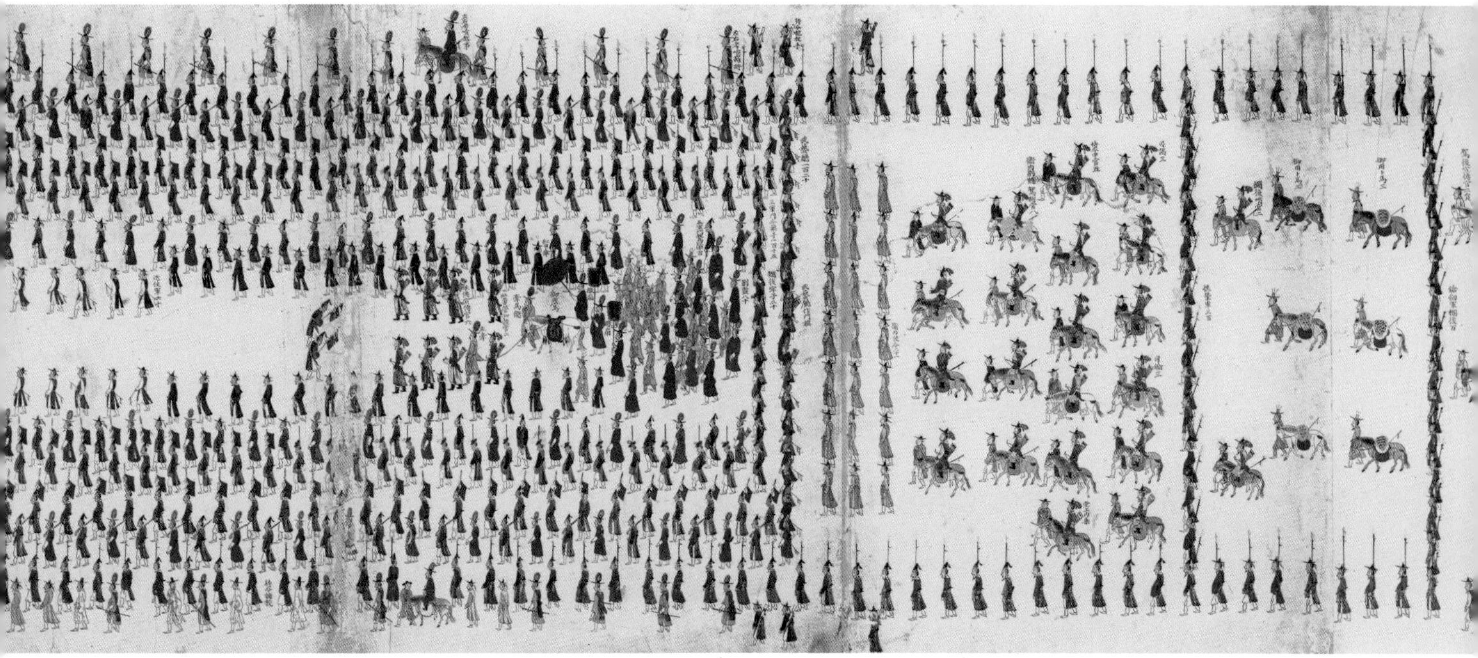

〈화성원행반차도〉의 부분 정조의 화성 행차를 기록한 그림이야. 국가 행사를 치를 때 참여하는 관리들의 정해진 위치와 행사 장면을 그린 그림을 '반차도'라고 해.

핵심 콕콕 역사 퀴즈

❶ 다음은 정조의 개혁 정치에 대한 설명입니다. 설명과 어울리는 것을 찾아 서로 연결해 보세요.

(1) 원래 왕들의 글과 왕실에서 관리하는 책을 모아둔 도서관 같은 곳이었다.	(2) 한양 못지않은 정치, 경제의 중심지이자 군사적 기능까지 갖춘 신도시다.	(3) 왕을 보호하고 지키는 호위 부대다.
규장각	장용영	수원 화성
㉠ 개혁을 방해하는 세력에서 벗어나 마음껏 개혁을 펼치기 위해 필요한 곳이다.	㉡ 젊은 인재를 뽑아 이곳에서 공부하고 연구할 수 있도록 했다.	㉢ 군사 개혁에 필요한 세력을 기를 수 있다.

❷ 화성 행차에 대한 설명으로 틀린 것을 찾아 번호를 써 보세요. (　　　　)

(1) 화성 행차는 국가적으로 큰 행사였다.

(2) 행차 때 왕에게 억울한 일을 호소하는 격쟁을 할 수 있었다.

(3) 행차에 방해될 수 있어서 백성은 함부로 구경할 수 없었다.

(4) 왕은 행차 중에 백성에게 쌀을 나눠 주기도 했다.

서술 · 논술 완벽 대비

❶ 정조는 규장각의 기능을 강화시킵니다. 규장각의 기능을 강화해서 좋은 점은 무엇인지 써 보세요.

❷ 정조는 수원 화성을 짓고 이곳에서 개혁 정치를 펼치려고 했습니다. 수원 화성이 개혁을 펼치기에 알맞은 이유를 써 보세요.

1주 4일

정약용과 수원 화성

누각 사방을 볼 수 있도록 높이 지은 건축물

포대 포탄을 발사하기 위해 만든 시설물

길이가 약 5.7킬로미터에 이르는 성곽, 높이가 4~6미터에 이르는 성벽, 수많은 누각과 포대, 곳곳에 설치된 성을 드나드는 문. 이 거대한 규모의 성이 바로 수원 화성이야. 그런데 이 성을 짓는 데 기간이 얼마나 걸렸는지 아니? 겨우 2년 6개월밖에 걸리지 않았단다. 이 거대한 성을 현대식 건설 장비도 없이 어떻게 빨리 지을 수 있었을까? 그건 정약용에게 물어보면 알 수 있어.

정조 임금님은 수원 화성이 정말 중요하다며 내게 화성 건설을 맡겼어요. 어떻게 하면 잘 지을 수 있을지 오랫동안 고민했지요.

책에는 모든 일의 해답이 담겨 있답니다. 수원 화성에 대한 고민도 책을 보고 해결했어요.

이건 '거중기'예요. 중국의 과학 책을 보고 만들었죠. 도르래를 이용해 무거운 돌도 쉽게 들어 올릴 수 있어요.

이건 '녹로'라는 기계예요. 역시 도르래를 이용해서 물건을 높은 곳으로 쉽게 옮길 수 있어요. 거중기와 녹로 덕분에 빠르고 쉽게 성을 쌓을 수 있었지요.

정약용은 《화성성역의궤》에 수원 화성을 건축하는 과정을 세세하게 기록해 두었어. 이 책에 거중기와 녹로를 건축에 어떻게 이용했는지 나와 있지. 또한 일정한 크기로 벽돌을 구워서 성벽을 쉽게 쌓을 수 있었어. 사실 수원 화성은 6·25 전쟁 때 파괴되었는데, 《화성성역의궤》 덕분에 복원할 수 있었지. 수원 화성은 문화적 가치를 인정받아 유네스코 세계유산에 등재되었고, 《화성성역의궤》는 유네스코 세계기록유산에 등재되었단다.

정조는 화성 공사에 쓰이는 비용을 백성에게 거두지 않고, 공사에 참여한 백성에게 품삯을 주고 일을 시켰어. 품삯을 받은 백성들은 힘든 줄도 모르고 신이 나서 일을 했겠지.

儀 거동 **의**
軌 바큇자국 **궤**
나라에서 큰일을 치를 때 후세에 참고하기 위하여 그 일의 처음부터 끝까지의 경과를 자세하게 적은 책

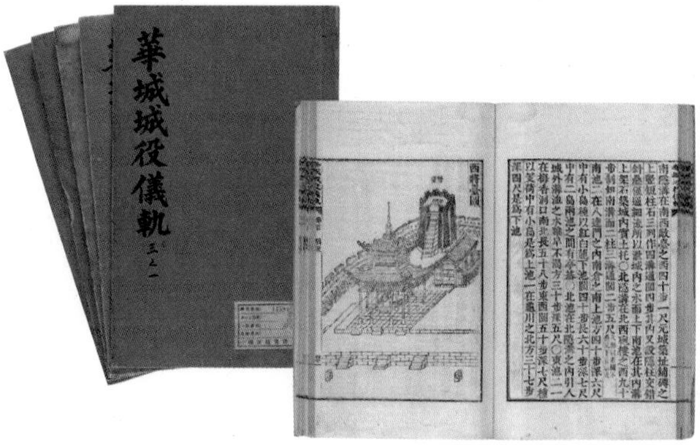

《화성성역의궤》 화성 건설 과정을 정리한 책으로, 일정과 담당자 명단, 건축물, 예산뿐만 아니라 도구와 도구의 생김새까지 자세하게 나와 있어.

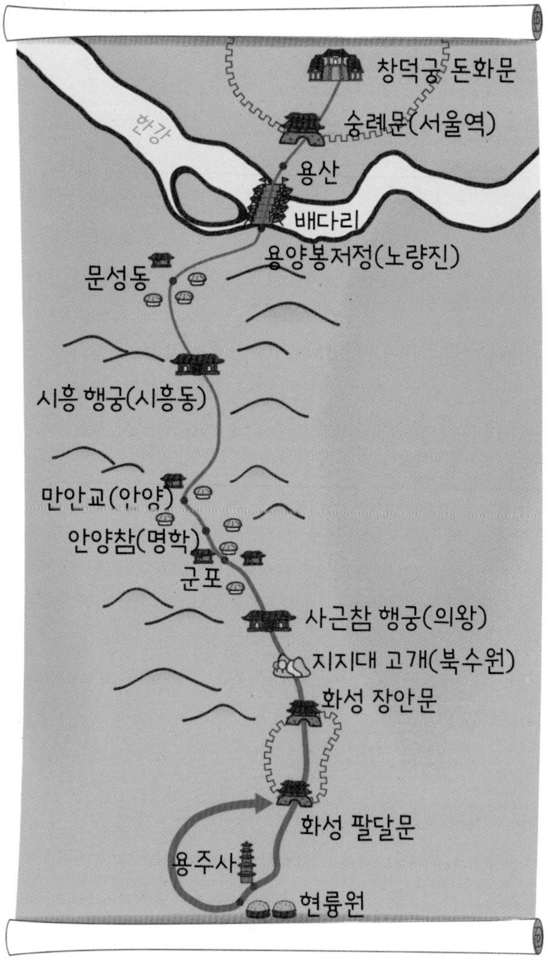

▲ **화성으로 향한 길** 정조는 창덕궁 돈화문을 나서서 배다리를 건너 시흥 행궁에서 하룻밤을 잔 뒤, 다음 날 화성 행궁에 도착했어.

정약용은 화성을 짓는 데 필요한 기술자를 전국에서 뽑았어. 기술자에게는 능력에 맞게 품삯을 주었지. 화성 건설에 참여한 일꾼은 1년에 70만 명이 넘었고, 일꾼에게 준 품삯도 약 80만 냥이 들었다고 해. 이런 과정을 통해 수원 화성은 건축을 시작한 지 2년 반이 지난 1796년 가을에 완성되었어.

그런데 화성 건설이 한창이던 정약용에게 고민이 하나 생겼어. 정조가 돌아가신 아버지와 어머니의 환갑을 맞아 대규모 화성 행차를 계획한 거야. 왕의 행차에 동원되는 6천여 명의 사람과 800여 필의 말을 움직여야 했지. 문제는 화성으로 행차하려면 한강을 건너야 한다는 거야.

당시에는 한강에 다리가 없었으니 이 많은 사람이 모두 배로 한강을 건너려면 시간이 오래 걸릴 수밖에 없었지.

"한강에 배를 띄우고 나무로 배들을 연결하여 배다리를 만들라!"

정약용의 지시에 따라 한강을 가로지르는 배다리를 완성했어. 정조와 신하들은 배다리 위를 걸어 안전하게 강을 건너 화성으로 향했지.

〈화성능행도〉의 부분 정조의 현륭원 행차를 그린 그림이야.

수원 화성 전개도

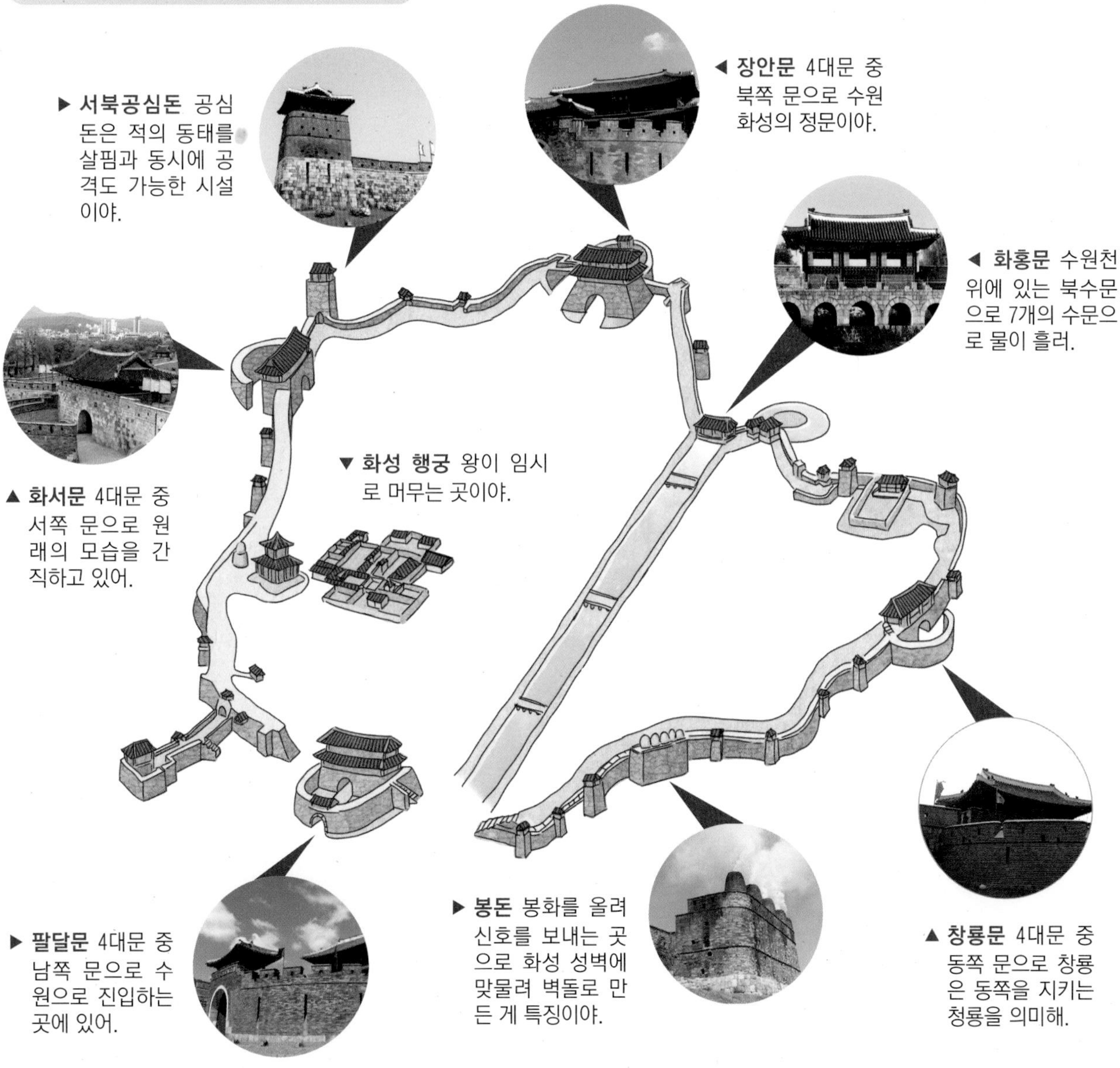

핵심 콕콕 역사 퀴즈

1 다음은 수원 화성 건설과 관련된 설명입니다. 설명에 들어갈 알맞은 낱말을 보기에서 골라 써 보세요.

보기

정약용 품삯 거중기 2년 6개월 《화성성역의궤》 벽돌

(1) 수원 화성을 짓는 기간은 ( )이/가 걸렸다.

(2) ( )이/가 수원 화성 짓는 일을 담당했다.

(3) ( )와/과 녹로를 사용하여 힘을 덜 들이고 성을 쌓을 수 있었다.

(4) 화성 건설과 관련된 일을 기록한 책 ( )이/가 있다.

(5) 공사에 참여한 백성에게 ( )을/를 주고 일을 시켰다.

(6) 크기가 일정한 ( )을/를 구워서 성벽을 쌓았다.

2 다음은 수원 화성에 대한 설명입니다. 알맞은 것을 찾아 서로 연결해 보세요.

(1) 북수문이며, 일곱 개의 수문으로 물이 흐른다.

(2) 서북쪽에 있는 공심돈으로, 적의 동태를 살피고 공격도 할 수 있는 시설이다.

서술·논술 완벽 대비

❶ 《화성성역의궤》를 만든 이유는 무엇일까요? 《화성성역의궤》가 있으면 좋은 점을 써 보세요

❷ 화성으로 행차하려면 많은 사람과 말이 한강을 건너야 했습니다. 정약용은 이 문제를 어떻게 해결했는지 써 보세요.

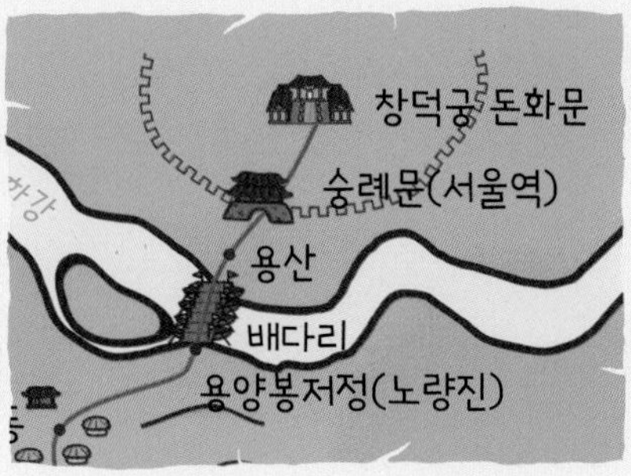

1주 5일

새로운 농사법 보급과 상공업의 발달

임진왜란과 병자호란을 겪은 뒤 조선의 땅은 황폐해졌어. 전쟁으로 인구도 줄어서 노동력도 부족했고. 그러자 농업 생산량을 늘릴 방법이 무엇일까 고민했지. 이때 농민들 사이에서 좀 더 효율적으로 농사짓는 방법이 보급됐어. 그 방법이 바로 '모내기법'이야. 모내기법은 모판에 씨를 뿌려 건강하게 잘 자란 모를 논에 심는 거야. 이렇게 하면 그냥 볍씨를 뿌리는 것보다 더 많은 수확량을 얻을 수 있지. 게다가 모내기를 하기 전까지 비어 있는 땅에는 보리를 키울 수 있었어. 가을에 추수하고 비어 있는 논에 보리를 심으면 모내기를 하기 전 5월쯤에 보리를 거두어들일 수 있었지. 이렇게 수확한 보리는 벼가 다 자라기

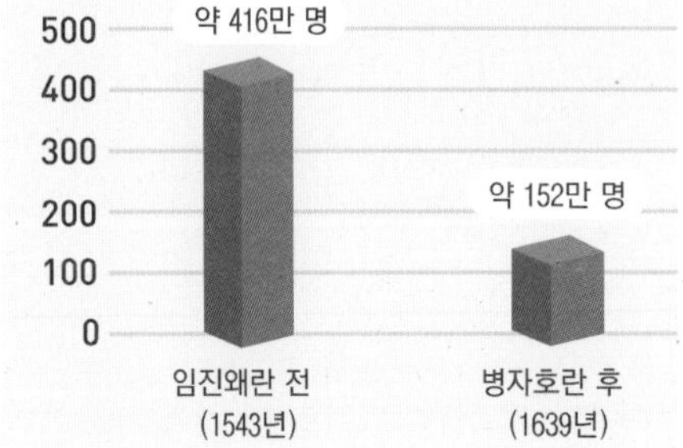

▲ 병자호란 이후 조선의 인구가 1/3로 줄어들었어.

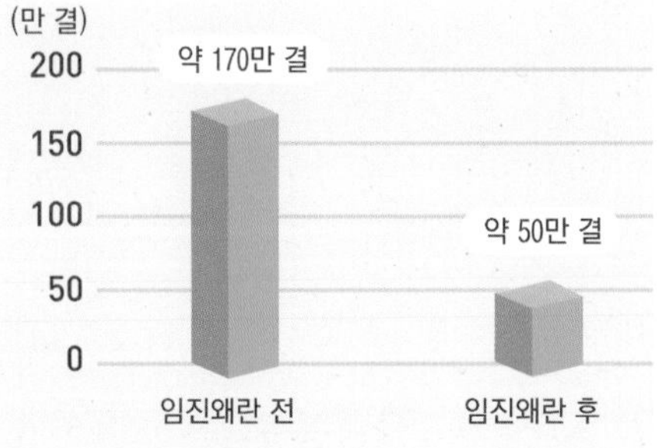

▲ 임진왜란 이후 조선에서 농사지을 수 있는 토지가 1/3로 줄어들었어.

까지 귀중한 식량이 되고, 농민들의 삶에 큰 도움이 되었단다.

모내기법은 사실 예전부터 있었던 농사법이야. 그런데 모내기를 하려면 논에 물이 충분히 있어야 하는데 만약 이른 가뭄이라도 들면 한 해 농사를 망칠 수도 있어서 하지 않았던 거지. 모내기법으로 농사를 짓기 시작하면서 이러한 문제점을 해결하기 위해 저수지를 만들고, 농기구를 개발시켰단다.

논농사에서 모내기법이 발달했다면, 밭농사에서는 골뿌림법이 시작되었어. 골뿌림법은 말 그대로 밭에 골을 파서 씨를 뿌리는 농사법이야. 소에 쟁기를 연결해서 깊게 땅을 파면 움푹 파인 고랑과 툭 튀어나온 이랑이 생겨. 고랑에 씨를 뿌리면 씨가 얼어 죽거나 말라 죽는 걸 막을 수 있어서 농사가 잘되지. 또 이랑이 바람을 막아 주어서 씨가 땅에 튼튼하게 뿌리내릴 수 있고.

고랑 땅 사이에 길고 좁게 파인 곳

이랑 밭을 갈아서 흙을 불룩하게 쌓은 곳

이렇게 농사법이 발달하면서 생산량이 늘어났고, 먹고 남은 것을 팔기 시작했어. 아예 시장에 내다 팔기 위해 담배, 면화와 같은 '상품 작물'을 재배하면서 상업이 발달하게 된단다. 또 농사법이 발달하면서 시간이 남는 농민들이 물건을 만들어 팔면서 수공업이 발달했지.

한편, 조선에서는 장사를 하려면 나라의 허락을 받아야 했어. 이렇게 장사할 수 있는 권한을 받은 곳을 '시전'이라고 했지. 나라에서는 시전에 장사할 수 있는 권리를 주는 대신 필요한 물품을 공급받고, 세금을 걷었어. 명주, 무명, 종이, 모시, 삼베 등을 파는 규모가 큰 시전은 '육의전'이라고 불렀어.

禁 금할 **금**
亂 어지러울 **난**
廛 가게 **전**
權 권세 **권**

난전 허가 없이 함부로 벌여 놓은 가게

시전 상인들은 장사를 독점했기 때문에 돈을 많이 벌었어. 시전 상인에게는 '금난전권'이 있었거든. 금난전권이란 일반 상인인 '난전'을 단속할 수 있는 권리를 뜻해. 금난전권을 가진 시전 상인은 난전이 장사하지 못하도록 난전 상인들을 혼내고, 난전의 물건을 함부로 빼앗기도 했어. 백성들은 금난전권 때문에 시전에서 물건을 비싸게 팔아도 어쩔 수 없이 사야 했지. 일부 시전 상인들은 이렇게 얻은 이익을 권력가에게 나눠 주며 더 큰 이득을 보았어. 어째 문제가 심각해 보이지 않니? 그래서 정조는 금난전권을 폐지해. 더 이상 시전 상인들이 난전을 막을 수 없게 된 거지.

난전을 허용하자 상업이 빠르게 발달하기 시작했어. 난전이 활동했던 곳은 오늘날 서울에 있는 남대문 시장, 동대문 시장 등이 되었지. 난전 상인들의 활약은 지방에서도 활발해서 지방마다 '장시'라고 하는 시장이 열렸어. 난전 상인들은 장시마다 거래하는 가게를 두고 활발하게 장사를 했지.

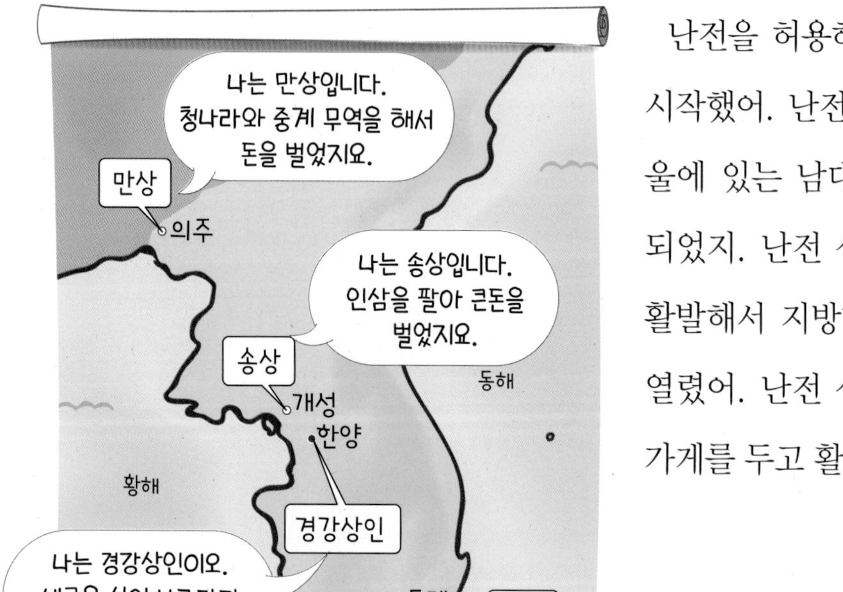

▲ 각 지역의 대표 상인과 활동 지역

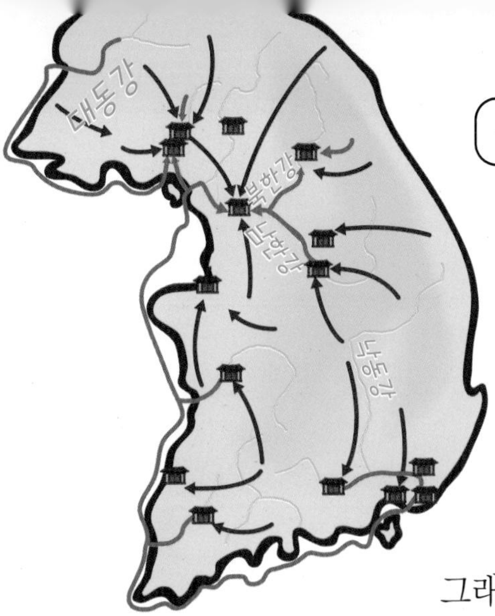

◀ 조선은 각 지역에서 거둔 세금을 배로 운반했어. 세금은 주로 쌀로 걷었는데, 쌀은 무게가 무겁고 부피가 커서 배로 운반하는 게 육로로 운반하는 것보다 더 빠르고 효율적이었지.

그래서 지역을 대표하는 상인이 생겨났단다.

한강 주변에서 장사하는 경강상인은 처음에는 왕이 계신 한양에 세금으로 거둔 곡식을 실어 나르며 운송비를 받았어. 그러다 보니 지역마다 싼 물건을 사서, 다른 지역에 팔면 좋겠다는 생각을 한 거야. 그 덕분에 돈을 많이 벌게 되었어.

개성에 사는 송상은 인삼을 팔아 큰돈을 벌었어. 또 하나 중요한 사업은 청나라와 일본 사이에서 벌인 중계 무역이었지. 의주 지역의 만상, 동래 지역의 내상도 중계 무역을 해서 큰돈을 벌었지.

상인들이 이렇게 활약할 수 있었던 건 '보부상'의 덕도 있단다. 보부상은 '보상'과 '부상'을 합쳐 부른 말이야. '보상'은 보따리에 물건을 들고 다니며 파는 사람이고, '부상'은 항아리나 그릇을 지게에 지고 다니며 파는 사람이야. 이들이 시장과 시장을 이어 주는 역할을 해서 전국 구석구석 물건을 사고파는 일이 가능했던 거지.

김홍도의 《단원풍속도첩》에 실린 〈행상〉

중계 무역 한 나라에서 수입한 물건을 다른 나라에 다시 팔아 이익을 내는 무역

핵심 콕콕 역사 퀴즈

1 다음은 조선 후기에 발달한 농사법에 대한 설명입니다. 설명과 관계 깊은 농사법을 써 보세요.

모내기법 골뿌림법

(1) 모판에 씨를 뿌려 잘 자란 모를 논에 옮겨 심는다. (　　　　　　)

(2) 땅을 깊게 파서 고랑과 이랑을 만든다. (　　　　　　)

(3) 가을에 추수한 후에 비어 있는 논에 보리를 심을 수 있다. (　　　　　　)

(4) 밭에 골을 파서 그 속에 씨를 뿌린다. (　　　　　　)

(5) 논에 물이 많이 있어야 해서 가뭄이 들면 농사를 망칠 수 있다. (　　　　　　)

(6) 씨가 얼어 죽거나 말라 죽는 걸 막을 수 있다. (　　　　　　)

2 다음 지역에서 활발하게 활동한 상인은 누구일까요? 지도에 알맞은 상인의 번호를 찾아서 써 보세요.

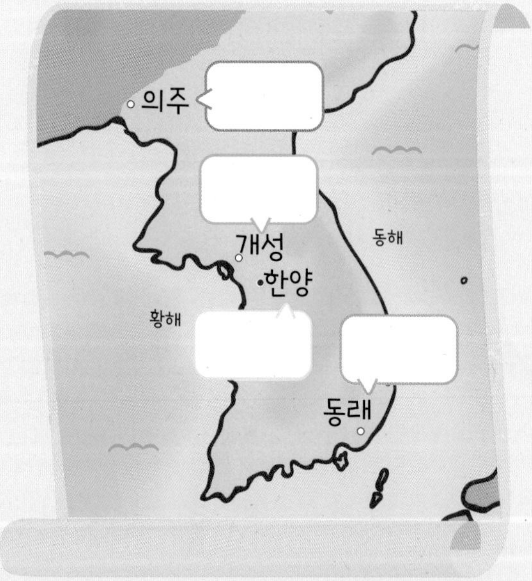

(1) 송상 : 인삼을 팔고, 청나라와 일본에 중계 무역을 했다.

(2) 경강상인 : 한강 주변에서 쌀을 운반하여 운송비를 받고, 전국에서 싼 물건을 사다가 장사했다.

(3) 내상 : 부산 지역 상인으로 일본과 무역을 했다.

(4) 만상 : 의주 지역 상인으로 청나라와 무역을 했다.

서술 · 논술 완벽 대비

1 다음은 조선 후기에 일어난 일들입니다. 이런 일들로 어떤 변화가 생겼는지 써 보세요.

2 조선 후기에는 시장이 발달합니다. 시장은 어떤 역할을 했을지 써 보세요.

미루의

한눈에 쏙 마인드맵

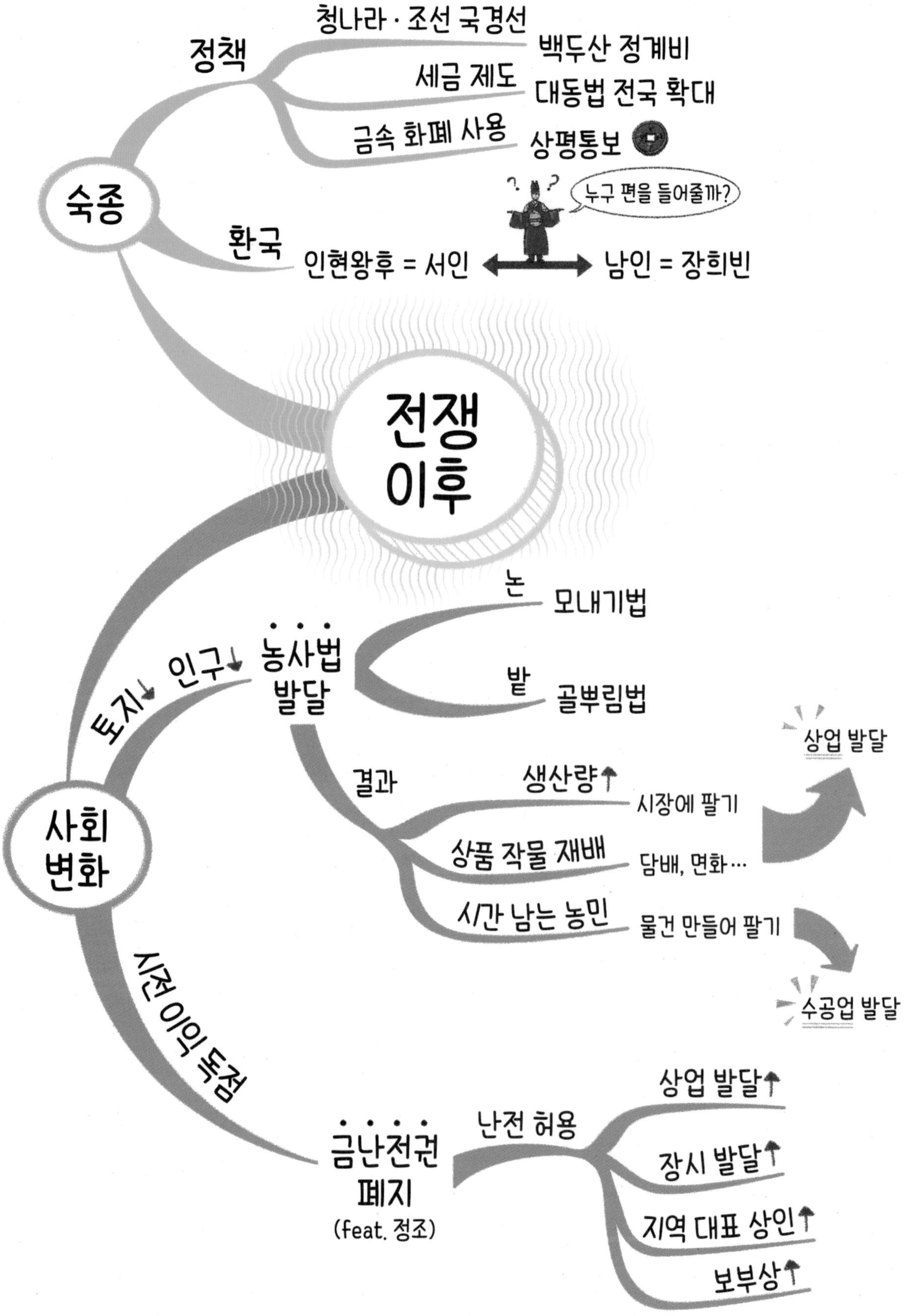

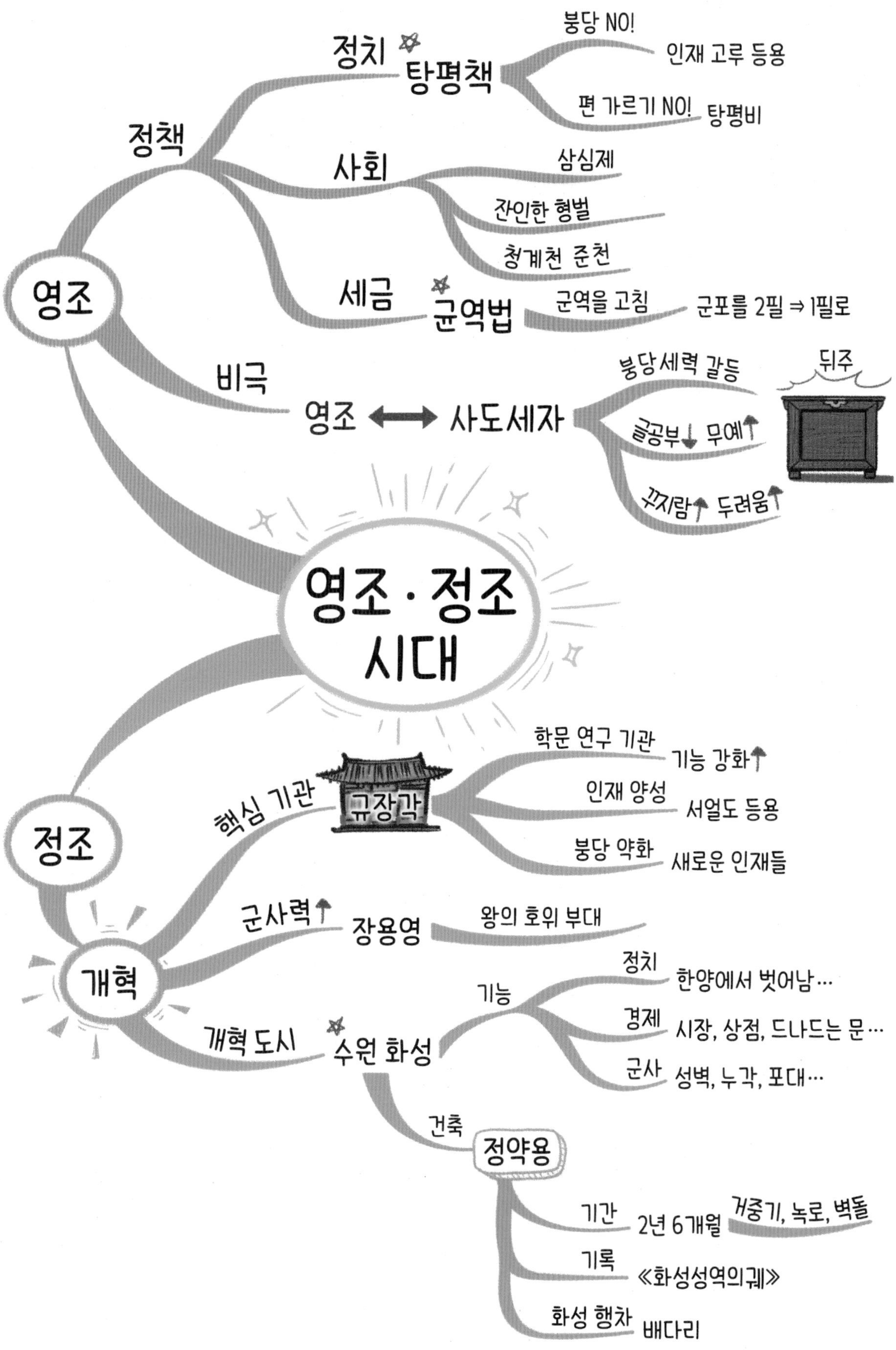
영조·정조 시대
영조
정책
정치
탕평책
붕당 NO!
인재 고루 등용
편 가르기 NO!
탕평비
사회
삼심제
잔인한 형벌
청계천 준천
세금
균역법
군역을 고침
군포를 2필 ⇒ 1필로
비극
영조 ⟷ 사도세자
붕당세력 갈등
글공부↓ 무예↑
꾸지람↑ 두려움↑
뒤주
정조
개혁
핵심 기관
규장각
학문 연구 기관
기능 강화↑
인재 양성
서얼도 등용
붕당 약화
새로운 인재들
군사력↑
장용영
왕의 호위 부대
개혁 도시
수원 화성
기능
정치
한양에서 벗어남…
경제
시장, 상점, 드나드는 문…
군사
성벽, 누각, 포대…
건축
정약용
기간
2년 6개월
거중기, 녹로, 벽돌
기록
《화성성역의궤》
화성 행차
배다리

은파의

실전 대비 수행 평가

○ 영조 또는 정조를 주인공으로 하는 영화를 만들려고 합니다. 영조와 정조 두 임금 중 한 명을 골라 영화 제작 기획서를 만들어 보세요.

제목 :

장르 :

촬영 기간 :

감독 :

음악 :

상영 시간 :

미술 :

캐스팅 :

기타 :

기획 의도 :

내용 요약 :

연출 방향 :

- 수원 화성을 답사한다면 어떤 것을 보고 무엇을 느낄까요? 온라인으로 '수원 화성 사이버 투어'를 한 뒤 답사 보고서를 작성해 보세요.

답사 보고서

'수원 화성 사이버 투어' 바로 가기

답사 장소 :

답사 날짜 :

답사 목적 :

준비물 및 준비 사항 :

답사 방법 :

알게 된 점 :

느낀 점 :

1801년

신유박해

1811년

홍경래의 난

2주

1일 〉 조선의 실학자들

2일 〉 신분 제도의 변화와 서민 문화의 발달

3일 〉 우리 것을 들여다보다

4일 〉 탐관오리에 맞선 농민들

5일 〉 서학과 동학

정리 마인드맵 & 수행 평가

1860년

최제우 동학 창시

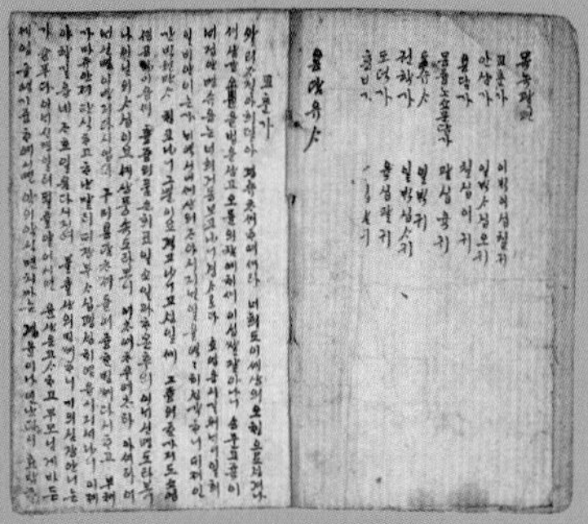

1861년

<대동여지도> 완성

1862년

임술 농민 봉기

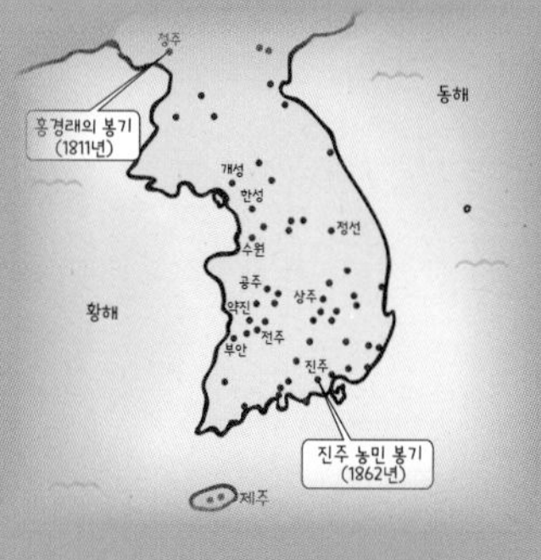

조선의 실학자들

조선의 바탕을 이룬 성리학은 조선 후기에 발생한 먹고사는 문제를 해결하기에는 한계가 있었어. 그래서 학자들은 실생활에 도움이 되는 학문이 필요하다고 생각해 실학을 연구하기 시작했지. 실학을 연구하는 학자들을 '실학자'라고 한단다. 실학자들은 농촌 생활에 관심을 갖고 농업 기술을 발전시키며 토지 제도를 실제 생활에 맞게 바꿀 방법을 고민했어. 또한 상업과 공업을 발전시킬 방법도 함께 고민했지.

實 열매 **실**
學 배울 **학**
실생활에 쓰이는 학문

"힘들게 농사를 지어도 세금으로 내고 나면 남는 게 없어요."

"나는 내 땅이 없어서 남의 땅을 빌려 농사를 지어요."

"아이고, 나는 농사지을 땅도 못 빌렸어요. 먹고살 방법이 없다고요."

실학자 유형원은 토지 제도를 바꾸지 않으면 백성들이 안정적인 생활을 할 수 없다고 생각했어. 그래서 주장한 것이 '균전론'이야. 균전론은 농지를 신분에 따라 차이는 있지만, 백성 모두에게 고르게 나눠 주자는 이론이야. 신분이 높으면 많이 갖고 신분이 낮으면 조금 갖기

均 고를 **균**
田 밭 **전**
論 논할 **론**

는 해도 모든 사람에게 농사지을 땅을 주어서 기본적인 생활은 보장하자는 의미 있는 주장이었어.

이익은 유형원의 주장을 더욱 발전시켜서 '한전론'을 주장했어. 한전론은 집집마다 꼭 필요한 땅은 절대 팔 수 없게 하자는 이론이야. 그러면 최소한 먹고살 땅은 갖고 있고 나머지 땅은 자유롭게 사고팔 수 있으니 생활이 안정되겠지. 또 땅을 사고파는 자유도 어느 정도 보장되니 좋다고 생각한 거야.

限 한할 **한**
田 밭 **전**
論 논할 **론**

이익의 사상을 이은 실학자는 정약용이었어. 정약용은 '정전제'를 주장했어. 정전제는 농사짓는 땅을 우물 '정(井)' 자 모양으로 9칸으로 나누어서 8채의 집이 한 칸씩 차지해서 농사를 짓고, 가운데 한 칸은 모두 함께 농사를 짓는 것을 말해. 가운데 함께 농사지은 땅에서 추수한 곡식을 세금으로 내는 거지. 그러면 백성들의 세금과 곡식 걱정을 줄일 수 있을 거라고 주장했어.

井 우물 **정**
田 밭 **전**
制 지을 **제**

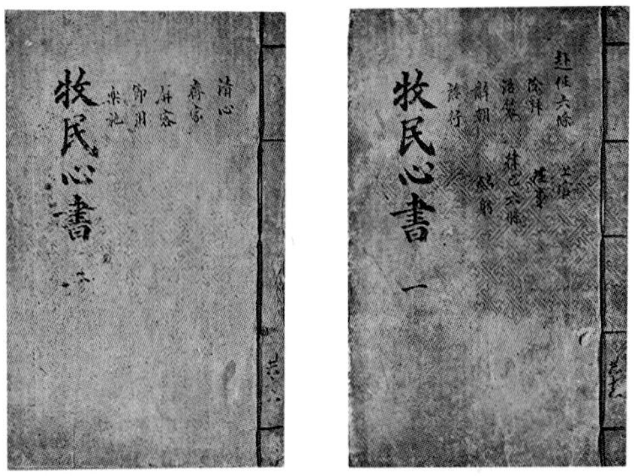

《목민심서》 지방의 관리가 지켜야 할 내용을 담은 책으로 정약용이 지었어. 정약용은 이 밖에도 다양한 분야에서 책을 썼어.

유수원은 농사 기술을 발달시켜 생산량을 늘리고, 좋은 기술로 물건을 만들어 사고파는 것이 필요하다고 했어. 농사짓는 사람, 물건 만드는 사람, 물건을 파는 사람, 모두를 중요하게 여기고 각각 전문성을 키워야 한다는 거야.

또한 청나라 문명과 서구의 기술에 관심이 많은 실학자들은 따로 '북학파'라고 불렀어. 홍대용은 과학에 관심이 많은 학자였어. 그래서 별을 관측하는 기구인 혼천의를 만들어 하늘을 관찰하기도 했지. 또한 하늘에 대한 연구를 통해 지구가 돈다는 이치를 깨달아 우리나라에서 처음으로 지전설을 주장했어. 홍대용은 《담헌서》에서 중국 중심의 사고나 성리학에서 벗어나 과학적인 생각과 과학 기술로 생활을 편리하게 변화시켜야 한다고 주장했지.

北 북녘 **북**
學 배울 **학**
派 갈래 **파**
조선의 북쪽에 있는 청나라의 학문

지전설 지구가 돈다는 학설

또 다른 실학자 박지원은 청나라를 다녀와서 쓴 《열하일기》에서 수레와 배, 화폐 사용을 강조했어. 수레와 배는 사람들의 이동에 큰 도

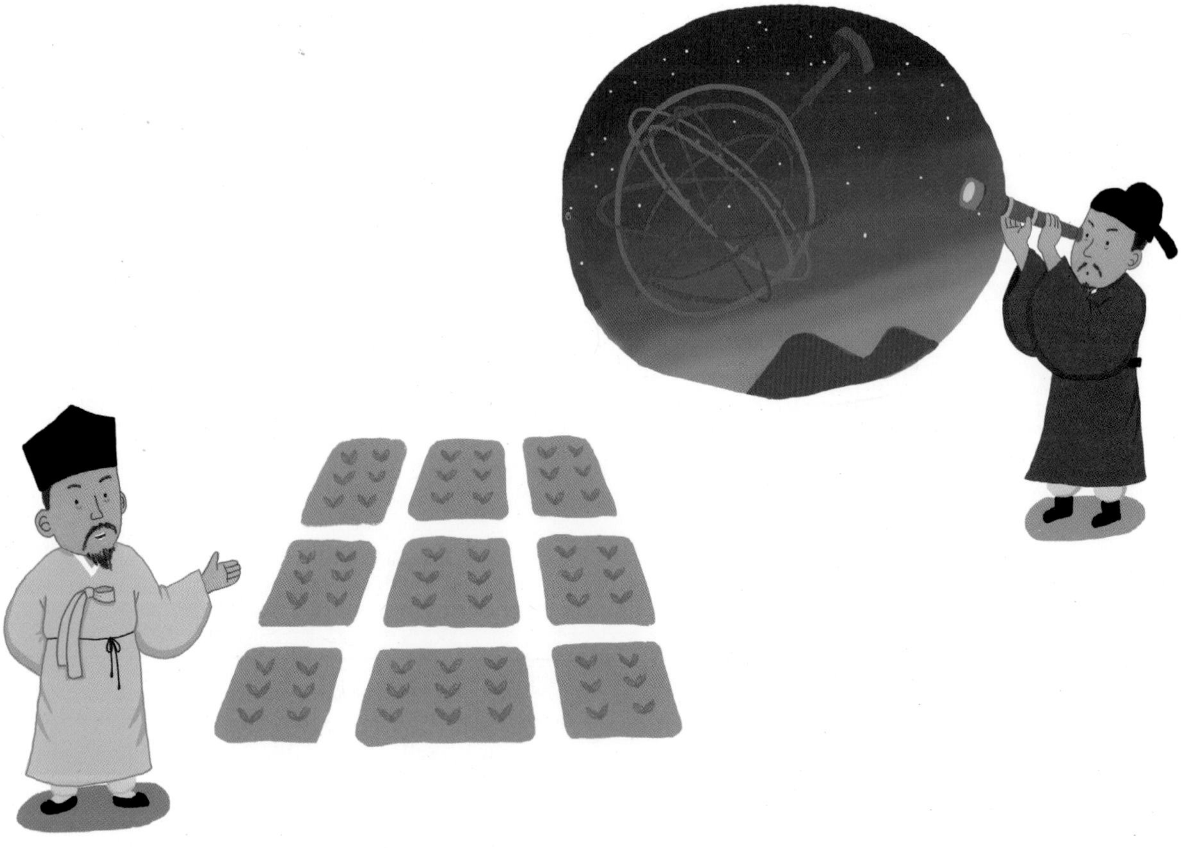

움이 되잖아. 이동이 편하면 교류가 많아질 거고. 즉, 교통 발달이 경제 활동에 도움이 된다는 거지.

박제가도 자기가 쓴 책 《북학의》에서 새로운 문물을 받아들일 것을 주장했어. 수레와 배를 사용하여 상공업을 발전시켜야 한다고 했지. 또 우물물은 퍼내서 써야 계속 물이 고이는 법이라며 활발한 소비 활동이 상공업 발전에 도움이 된다고 주장했어.

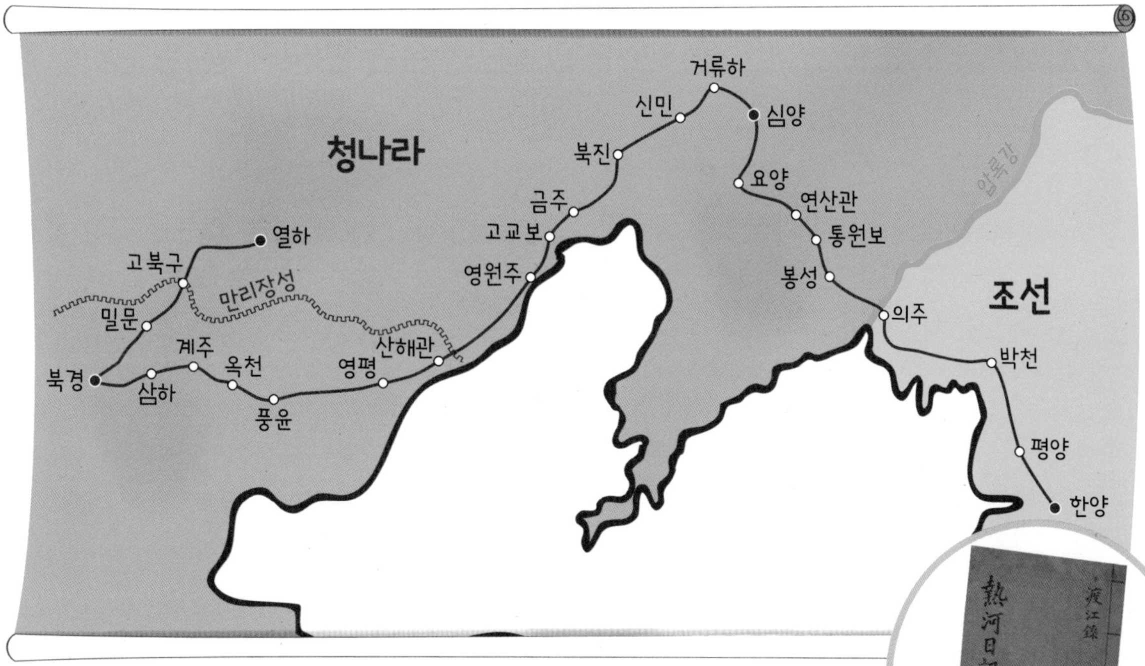

▲ **박지원이 열하로 갔던 길** 청나라로 가는 사신단을 따라 음력 5월 말에 출발해서 10월 말에 도착하는 긴 여정이었어. 열하는 청나라 황제가 여름에 쓰는 별궁이 있는 곳이야.

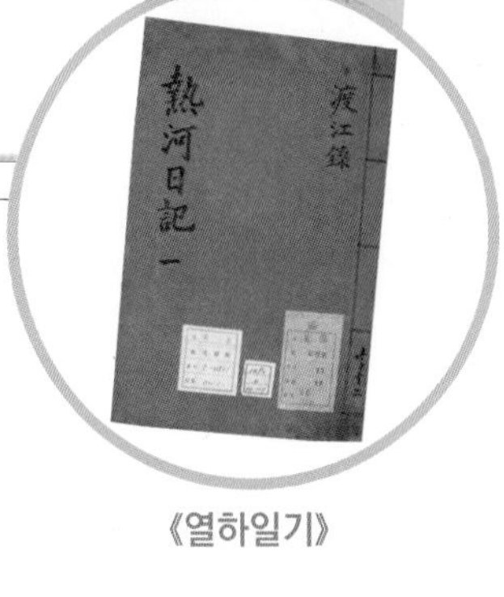

《열하일기》

핵심 콕콕 역사 퀴즈

◆ 조선 시대 실학자들이 주장한 내용입니다. 주장에 맞는 학자 이름을 보기에서 골라 써 보세요.

보기

유형원　박지원　정약용　홍대용　박제가　이익

(1) 우물 정(井) 자 모양으로 땅을 나눠 한 칸은 함께 농사지어 세금을 내는 정전제를 주장했다.

(2) 《열하일기》에서 배와 수레를 이용해서 교류가 많아지면 경제에 도움이 된다고 했다.

(3) 《담헌서》에서 과학적인 생각과 과학 기술로 생활을 편리하게 변화시켜야 한다고 주장했다.

(4) 신분에 따라 차이를 두고 모두에게 고르게 땅을 나눠 줘야 한다고 주장했다.

(5) 생활에 필요한 땅은 절대로 사고팔지 못 하게 해야 한다고 주장했다.

(6) 《북학의》에서 활발한 소비 활동을 하면 상공업 발전에 도움이 된다고 주장했다.

서술·논술 완벽 대비

1 조선 후기 실학자가 되어 주장하고 싶은 변화나 개혁 내용을 써 보세요.

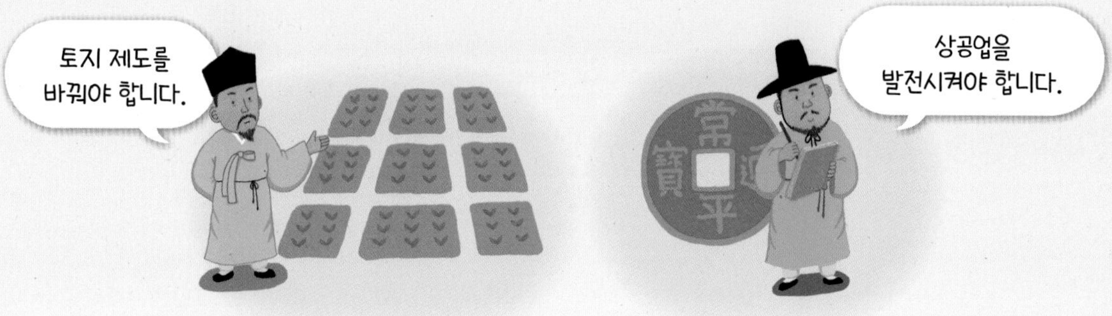

2 다음은 박제가가 주장한 '우물론'의 내용입니다. 다음 글을 읽고 우물론에 대한 자신의 생각을 써 보세요.

> 우물물은 계속 퍼내어 써야 물이 고이는 법이다. 퍼내어 쓰지 않으면 말라 버리고 만다. 비단옷을 입지 않으면 나라에는 비단 짜는 사람이 없을 것이다. 찌그러진 그릇을 싫어하지 않고 기술을 하찮게 여기면 기술은 발달하지 않을 것이다. 따라서 사람들이 소비를 늘리고 좋은 것을 찾을 때 경제가 활발하고 기술도 발달한다.
>
> – 《북학의》 중에서 –

신분 제도의 변화와 서민 문화의 발달

조선 시대의 신분 제도를 기억하니? 사회적으로 양반, 중인, 상민, 천민으로 구분했잖아. 양반의 자식은 양반이 되고, 노비의 자식은 평생 노비로 살았지. 그런데 전쟁 이후 조선에는 상민과 천민인 사람이 양반이 되는 일이 생겨났어. 그래서 양반의 수는 늘고, 상민과 노비의 수는 줄어들었지. 과연 무슨 일이 있었던 걸까?

空 빌 **공**
名 이름 **명**
帖 문서 **첩**

"나라에서 공명첩을 판다는군. 그러면 누구나 양반이 될 수 있대."

"어떻게 양반이 된다는 거요?"

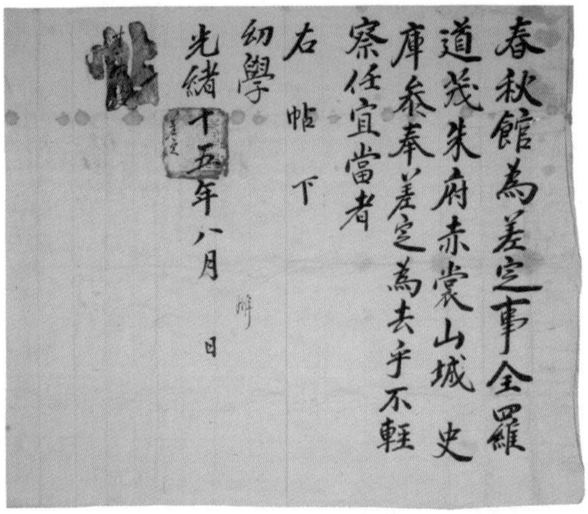
春秋館爲差定事全羅道茂朱府赤裳山城史庫叅奉差定爲去乎不輊察任宜當者
右帖下
幼學
光緒十五年八月 日

공명첩 참봉이라는 벼슬을 임명하는 문서인데 이름이 들어갈 자리가 비어 있어.

"공명첩을 사서 이름만 쓰면 양반이 된다는군."

"허, 거참 양반도 별거 아니네."

공명첩은 이름을 적지 않은 관직 임명장이야. 돈을 주고 공명첩을 산 다음에 자신의 이름을 적으면 양반이 되는 거지. 조선은 하는 일에 따라 신분이 달라진다고 했잖아. 관직을 가진 관리는 양반이 하는 일이니 공명첩이 있으면 당연히 양반의 대우를 받았지. 물론 진짜 관리가 되는 건 아니었으니 허울뿐인 임명장이었어. 그래도 돈이 있는 상민들에게는 신분을 바꿀 기회가 됐겠지?

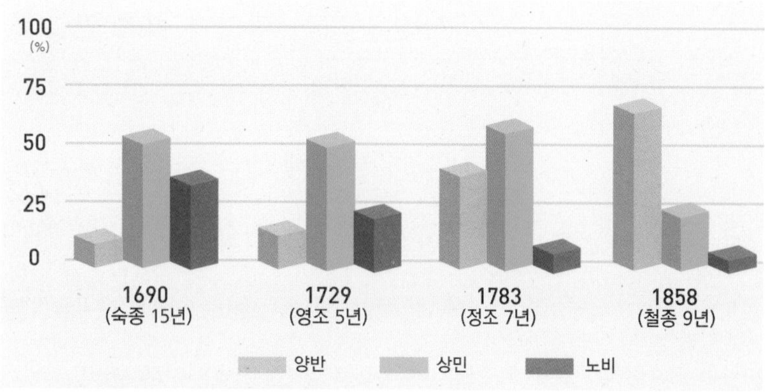

▲ **조선 시대 대구 지방의 신분 변동** 전쟁 이후 양반의 비율이 크게 늘어나고 상민의 비율이 크게 낮아졌어.

나라에서 공명첩을 판 이유는 돈이 부족했기 때문이야. 전쟁을 겪고 나니 생활이 어려워 세금을 못 내는 백성들이 늘어서 나라 살림이 어려워졌거든. 그래서 공명첩을 팔아 나라 살림에 보태려고 한 거지.

그런데 공명첩을 산 사람들은 어떻게 많은 돈을 가지게 된 걸까? 그건 농업 기술이 발달하고 상공업이 활발해지면서 생활이 넉넉해진 백성들이 생겨났기 때문이야. 발달된 농업 기술로 거두어들인 농작물이 늘자, 농민 중에는 먹고 남은 곡식을 팔아서 돈을 버는 사람이 생겼거든. 또 상공업이 발달하면서 물건을 만들어 팔아 큰돈을 버는 사람도 있었지.

하지만 양반의 수가 늘어나고 상민의 수가 줄어들면서 나라 살림이 더 안 좋아졌단다. 상민은 나라에 세금을 내고 군역을 담당했던 계층인데, 이들이 줄면서 세금도 줄었기 때문이지.

서민 문화는 백성이 직접 만들고 직접 참여하는 문화를 말해. 백성이 양반에게 억압받고, 먹고사는 일에 급급했던 생활에서 벗어나서 세상과 문화에 대한 관심을 표현하기 시작한 거야.

'판소리'는 고수의 북장단에 맞춰 소리꾼이 노래와 아니리를 하면서 이야기를 노래와 함께 들려주는 공연이야. 관객들도 공연에 참여할 수 있어서 흥겹지. 〈춘향가〉, 〈심청가〉, 〈흥부가〉, 〈적벽가〉, 〈수궁가〉는 판소리 열두 마당 가운데 지금까지 전해 내려오는 다섯 마당이야. 사람들에게 특히 인기 있던 판소리는 소설로 쓰이기도 했어. 《춘향전》, 《심청전》, 《흥부전》은 당시 사회 모습을 잘 담은 판소리 소설이지.

고수 북으로 장단을 치는 사람

아니리 판소리에서 중간중간에 가락을 붙이지 않고 이야기하듯 늘어놓는 말

또 '한글 소설'은 한문과 달리 쉽게 읽을 수 있어서 서민들 사이에 인기가 많았어. 그런데 사실 글을 모르는 사람들도 소설을 좋아했단다. 어떻게 그럴 수 있느냐고? 그건 '전기수'가 있었기 때문이지.

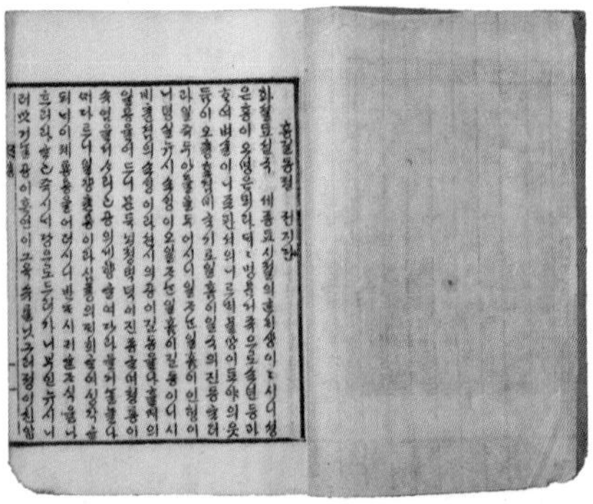

《홍길동전》 우리나라 최초의 한글 소설로 광해군 때 허균이 지었어.

하회 별신굿 탈놀이 경북 안동시 하회 마을에서 전승되는 탈놀이로 가면극 중에서 가장 오래되었어.

전기수는 돈을 받고 이야기책을 읽어 주는 사람을 말해. 어찌나 실감 나게 읽어 주는지 마을에 전기수가 오면 사람들이 우르르 모여들었어.

傳	전할	**전**
奇	기이할	**기**
叟	늙은이	**수**

'탈놀이'의 인기도 대단했지. 탈놀이는 탈을 쓰고 하는 연극이나 춤을 말해. 탈놀이는 사회 문제를 비판하고, 양반의 잘못된 행동을 조롱했어. 그리고 서민들의 어려운 삶을 하소연했지. 서민들은 탈놀이를 보면서 후련함을 느끼고 위로를 받았단다. 이처럼 서민 문화는 변화하는 세상을 바라보는 서민들의 다양한 생각을 담아냈어.

핵심 콕콕 역사 퀴즈

다음은 조선 후기 서민 문화에 대한 설명입니다. 설명과 어울리는 이름과 그림 또는 사진을 찾아 연결해 보세요.

(1) 고수의 북장단에 맞춰 이야기를 노래와 함께 들려 준다.

(2) 한문과 달리 서민들이 쉽게 읽을 수 있는 소설이다.

(3) 탈을 쓰고 사회 문제를 비판하며 서민들의 어려움을 하소연했다.

탈놀이

한글 소설

판소리

㉠

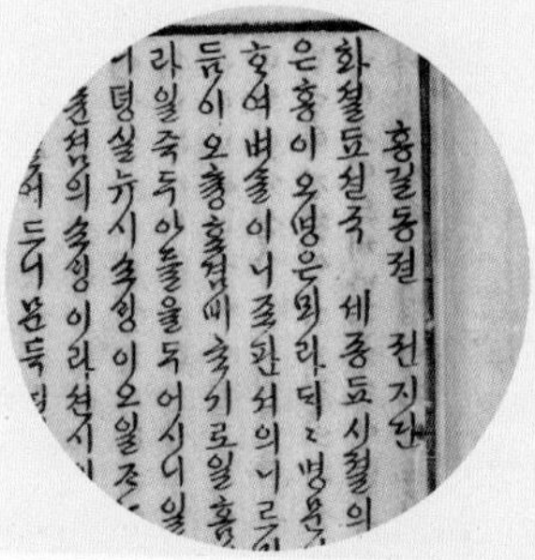

㉡

㉢

서술 · 논술 완벽 대비

1 공명첩에 대한 다음 물음에 답해 보세요.

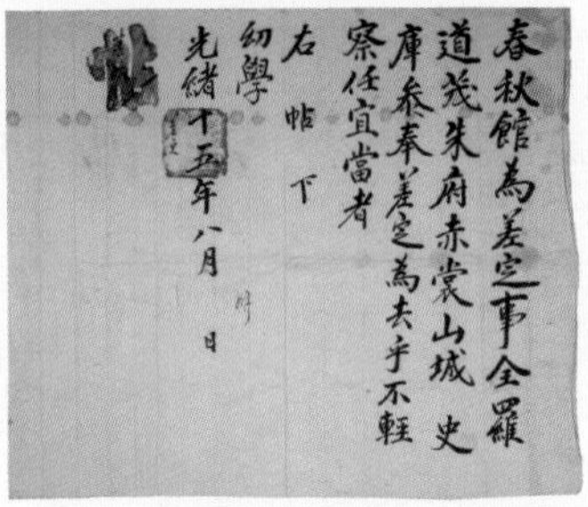
春秋館爲差定事全羅
道茂朱府赤裳山城史
庫叅奉差定爲去乎不輕
察任宜當者
右 帖 下
幼學
光緒十五年八月 日

(1) 공명첩은 무엇인가요?

(2) 공명첩을 만든 이유는 무엇인가요?

(3) 공명첩은 어떤 결과를 가져왔나요?

2 다음 그래프를 보고 알 수 있는 내용을 써 보세요.

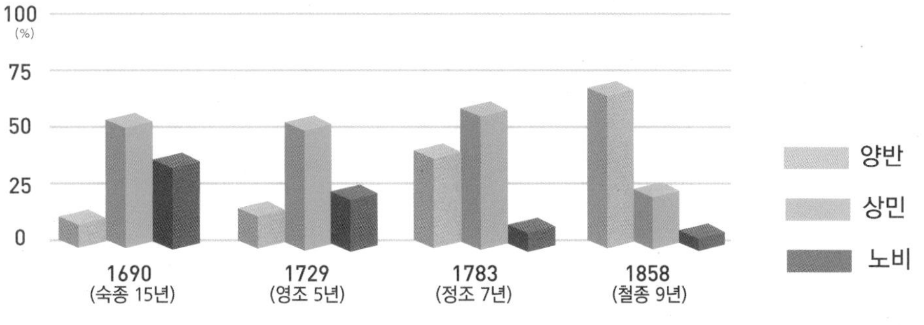

2주 3일

우리 것을 들여다보다

〈대동여지도〉를 만든 김정호는 1800년경, 상민 집안에서 태어난 것으로 알려져 있어. 평생 지도 만드는 일에 힘썼지만 신분이 양반이 아닌 탓에 김정호에 대한 기록은 남아 있는 것이 별로 없지.

어릴 때부터 지도에 관심이 많았던 김정호는 지도 관련 책을 읽고 산과 들을 돌아다녔어. 1834년에 〈청구도〉를 완성하지만 김정호는 만족할 수 없었어. 우리나라 땅 전체를 더 자세히 볼 수 있는 지도를 만들고 싶었거든. 김정호는 다시 전국을 누볐지.

높고 험하다는 백두산을 오르고, 배를 타고 제주도까지 갔어. 우리 땅이라면 작은 강과 섬도 놓치지 않고 다니며 살폈지. 그 결과 〈청구도〉를 완성한 27년 뒤에 더 정확한 지도를 완성할 수 있었어. 그게 바로 1861년에 완성한 〈대동여지도〉야.

〈대동여지도〉는 가로 4미터, 세로 7미터의 아주 커다란 지도야. 이 지도를 22개로 나눈 다음, 각각을 접어서 책처럼 작게 만들었어. 이렇게 하면 원하는 지역만 찾아볼 수도 있고, 크기가 작아서 가지고 다니기에도 편하지. 22개를 다 펼치면 우리나라 전체 지도가 완성된단다.

지도에는 우리나라의 산맥, 산, 강, 포구, 성, 역참, 창고, 도로 등이 표시되어 있어. 그리고 실제 거리까지 살필 수 있게 10리(약 4킬로미터)마다 점을 찍어 두었지. 사람들은 지도에 찍힌 점을 보고 가려는 곳의 거리가 얼마나 멀고 가까운지 알 수 있었어.

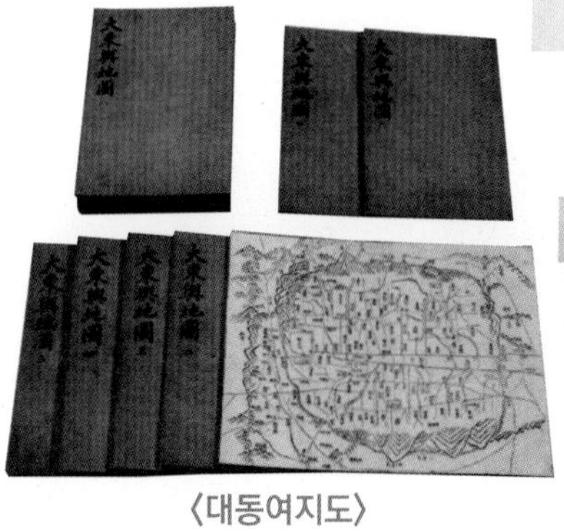

〈대동여지도〉

김정호는 지도가 중요하게 쓰일 수 있다는 신념을 가진 거 같아. 단순히 우리 땅 모양을 아는 것이 아니라 지도를 이용해 나라를 잘 다스릴 수 있는 방법을 찾은 거지. 만약 다른 나라가 침략해도 지도를 잘 이용하면 군사 작전을 짤 때 쓸모가 있잖아. 그리고 세금을 걷거나 세금의 양을 정할 때도 지도를 이용하면 편하겠지. 지도에 표시된 평야 지대를 보면 쌀이 많이 생산되는 지역을 알 수 있으니까.

사람들은 지도를 통해 세상을 보기도 해. 우리나라 최초의 세계 지도는 조선 초기에 만든 〈혼일강리역대국도지도〉였어. 이 지도를 통해 당시 사람들은 세상에 아프리카와 유럽이 있다는 것을 알게 되었지. 그리고 지도 한가운데 중국을 크게 그린 걸 보면 세상의 중심을 중국으로 여겼다는 걸 알 수 있어.

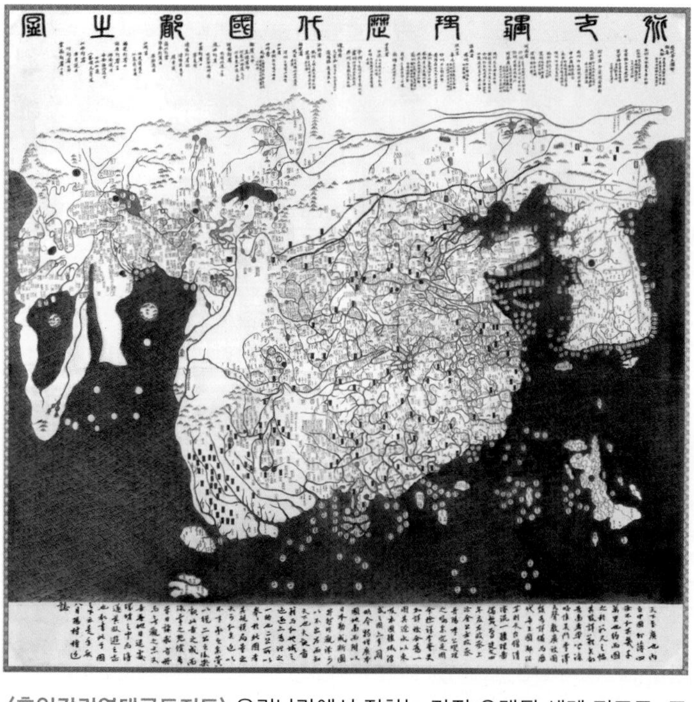
〈혼일강리역대국도지도〉 우리나라에서 전하는 가장 오래된 세계 지도로, 조선 태종 2년(1402)에 만들었어. 혼일강리는 역대 왕조를 뜻하고, 역대국도는 대대로 이어온 수도를 말해.

그런데 17세기 말 〈곤여만국전도〉가 전해지면서 세상의 중심이 중국이라는 생각은 바뀌었어. 지구는 둥근데 어느 한 나라가 중심이 되는 건 말이 안 된다는 걸 깨달은 거지.

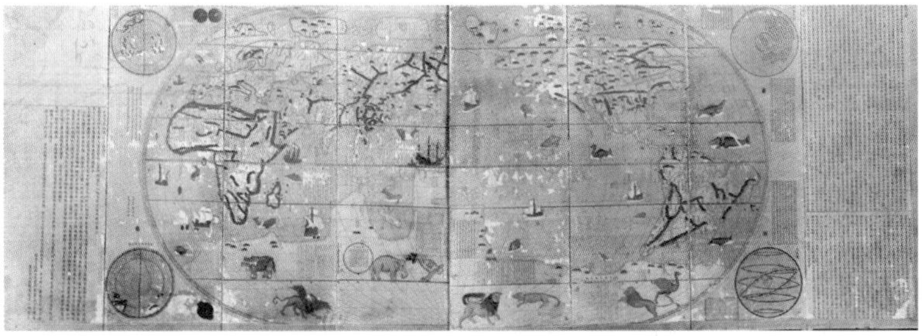

〈곤여만국전도〉 이탈리아 선교사 마테오 리치가 만든 세계 지도를 가져와서 조선에서 만든 세계 지도야.

이를 계기로 우리 것을 보려는 노력이 이어졌어. 유득공은 잊혔던 발해 역사를 연구하여 《발해고》를 썼고, 정약전은 흑산도 바다에 사는 물고기를 연구해서 《자산어보》를 썼어.

미술에도 변화가 생겼지. 중국의 그림을 따라 그리던 방법에서 벗어나 우리 자연을 있는 그대로 보고 그리려고 한 거야. 대표적인 화가로는 정선이 있어. 정선은 우리의 산천을 잘 표현한 조선 후기의 화가란다. 또한 양반과 서민들의 생활을 그린 풍속화도 있어. 김홍도는 백성들의 일상을 익살스럽게 잘 그렸고, 신윤복은 양반들의 놀이 문화와 여성의 모습을 재치 있게 그린 화가로 유명해.

魚 물고기 **어**
譜 계보 **보**

정선의 〈금강산도〉

김홍도의 《단원 풍속도첩》에 실린 〈씨름〉

신윤복의 〈단오풍정〉

핵심 콕콕 역사 퀴즈

○ 다음 문화유산에 대한 설명에 들어갈 낱말을 보기에서 찾아 쓰고, 아래 사진에서 알맞은 것을 찾아 번호를 써 보세요.

보기

〈대동여지도〉　　김홍도　　정선　　김정호

(1) ________ 이/가 만든 ________ 은/는 22개로 나뉘어서 책처럼 가지고 다닐 수 있고, 우리나라의 산맥, 강, 길 등이 자세히 나와 있다.

(2) ________ 은/는 백성들의 일상을 익살스럽게 잘 그렸다.

(3) ________ 은/는 중국의 미술 기법을 따르지 않고 우리의 자연을 있는 그대로 보고 그렸다.

㉠

㉡

㉢

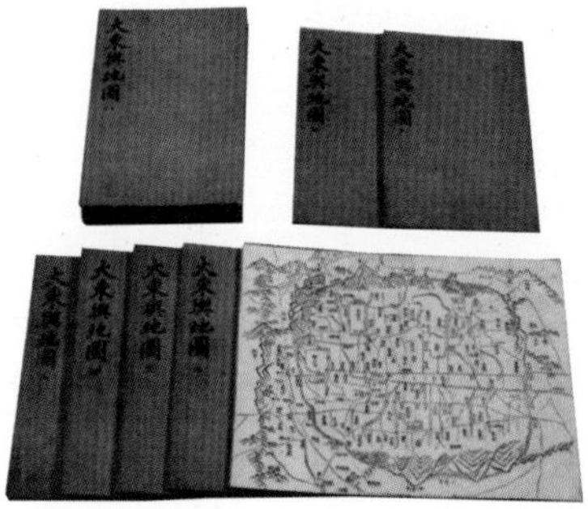

서술 · 논술 완벽 대비

❶ 지도를 정확하고 정교하게 만들면 어떤 점이 좋을까요? 〈대동여지도〉를 만든 김정호의 입장이 되어서 지도의 필요성을 설명해 보세요.

❷ 조선 초기에 만든 〈혼일강리역대국도지도〉와 후기에 만든 〈곤여만국전도〉를 비교해 보고, 사람들의 생각에 어떤 변화가 생겼을지 써 보세요.

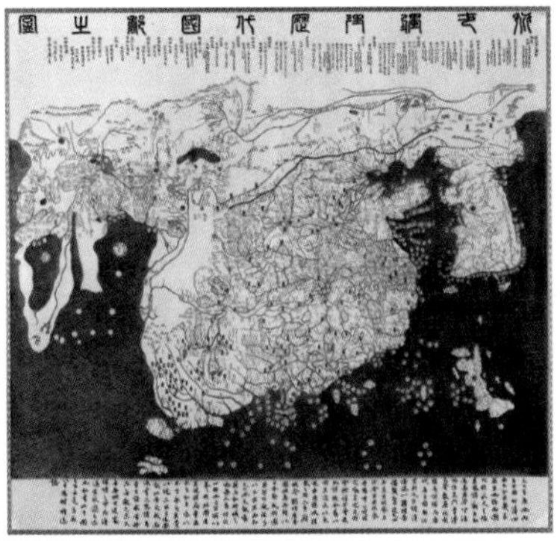
〈혼일강리역대국도지도〉

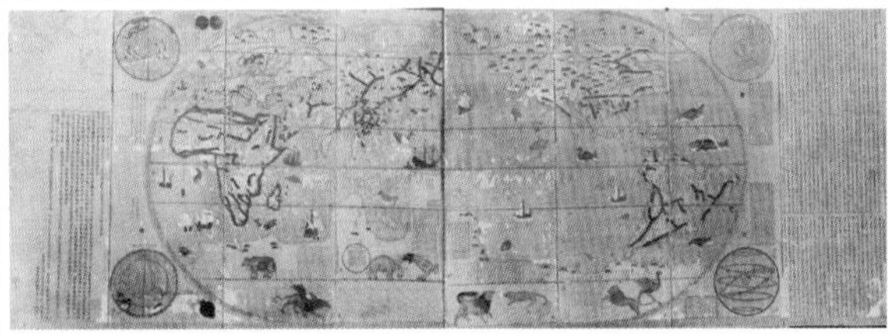
〈곤여만국전도〉

탐관오리에 맞선 농민들

사회가 안정되고 경제와 문화가 발전하던 어느 날, 갑자기 건강하던 정조가 세상을 떠났어. 그러자 정조를 반대했던 세력이 권력을 잡으면서 정조의 흔적을 지우기 시작했지. 먼저 정조가 만든 장용영을 없앴고, 규장각의 규모를 줄여 버렸어. 그리고 정조와 가까웠던 남인들을 몰아냈지.

정조의 아들 순조가 왕위에 올랐지만 순조는 당시 열한 살, 어린 나이라 제대로 나라를 다스릴 수 없었어. 이때 권력을 파고든 세력은 왕실과 혼인한 가문의 사람들이었어. 그들은 왕 대신 권력을 잡고 나라를 다스렸는데 이를 가리켜 '세도 정치'라고 해.

세도 정치 왕실의 일가 친척이나 특정한 가문이 권세를 잡고 마음대로 정치를 하는 것

순조의 장인어른인 김조순은 자신의 가문인 안동 김씨들을 중요한 관직에 앉혔지. 나중에 순조가 어른이 되었을 때는 안동 김씨의 힘이 너무 커서 왕 노릇을 제대로 할 수 없었어. 그런데 이런 일은 다음 왕에게도 이어졌단다.

순조가 죽고 왕위는 순조의 손자인 헌종으로 이어졌어. 순조의 아들이 일찍 죽어서 손자가 왕이 된 거야. 그러다 보니 헌종은 겨우 여덟 살에 왕이 되었어. 안동 김씨 가문은 계속해서 권력을 차지했고, 헌종의 외할아버지 집안인 풍양 조씨 가문까지 세도 정치에 나섰어. 그리고 헌종이 일찍 죽어 아들이 없자 숨어 살던 왕족을 왕위에 올리며 계속해서 세도 정치를 이어갔지. 세도 정치는 정조가 세상을 떠난 뒤 69년간 3대에 걸쳐 계속되었어.

특정 가문이 권력을 잡자 나라 꼴은 엉망이 되었지. 권력을 차지한 안동 김씨와 풍양 조씨는 나라를 걱정하기보다는 부정부패를 저지르며 세력을 키우는 데만 열을 올렸거든. 이들은 능력에 따라 관리를 뽑는 게 아니라 자기 가문에 충성하는 사람들에게 관직을 주었지. 심지어 돈을 받고 관직을 팔아서 재물을 늘리기도 했어.

재물을 주고 관직을 사서 관리가 된 사람들은 어떻게 일을 했을까? 안동 김씨와 풍양 조씨에게 이로운 일만 했겠지. 게다가 관직을 살 때 쓴 돈을 메꾸려고 세금을 마구 거둬들이며 백성들을 괴롭혔어.

〈옥호정도〉 순조의 장인이자 세도 정치를 시작한 김조순의 별서인 옥호정 일대를 그린 그림이야. 현재 서울 종로구 삼청동 9길에 해당돼.

부패한 관리들은 농사를 짓지 않는 땅에도 세금을 물렸어. 심지어 있지도 않은 땅을 만들어 세금을 내라고 했지. 그리고 16세에서 60세 양인 남자가 내는 군포를 노인과 아이, 심지어 이미 죽은 사람에게도 거뒀어. 또 곡식이 부족한 봄이면 나라에서 곡식을 꾸어 주고 가을에 추수하면 갚는 '환곡' 제도가 있었는데, 관리들은 곡식을 꿔 주고 아주 비싼 이자를 받았어. 이자 때문에 백성들이 환곡을 빌리지 않자 억지로 빌려주고 이자를 받아 내기도 했지. 백성들의 생활은 나날이 어려워졌어.

還 돌아올 **환**
穀 곡식 **곡**
흉년이나 식량이 부족할 때 나라에서 쌀을 빌려주고 추수기에 돌려받는 제도

"아이고, 안 그래도 살기 어려운데 관리들 때문에 더 살기가 힘들군."

"나라가 백성은 돌보지 않고 세금만 걷는구나."

시름이 깊어진 백성들은 하나둘 모여 살길을 고민했어. 백성을 괴롭히는 탐관오리의 잘못을 벽에 써서 알리기도 하고, 다 같이 모여 목청을 높여 항의도 해 보았지. 그리고 이런 불만은 점점 커져 급기야 봉기가 일어난단다.

貪 탐할 **탐**
官 벼슬 **관**
汚 더러울 **오**
吏 벼슬아치 **리**
벼슬을 탐하는 나쁜 관리

가장 먼저 일어난 봉기는 '홍경래의 난'이었어. 홍경래의 난은 평안도 사람들을 향한 차별과 탐관오리의 횡포 때문에 일어났어. 평안도 사람들은 과거에 합격해도 높은 벼슬에 오르지 못했거든. 게다가 중국의 사신들이 조선에 올 때마다 대접하는 일도 떠맡아야 해서 힘들었지. 이런 차별에 분노한 평안도 사람들은 힘을 모아 들고일어났어. 농민뿐만 아니라 수공업자, 상인 등 다양한 사람들이 참여했지. 이들은 열심히 싸웠지만 100일 만에 난이 진압되었어. 하지만 홍경래의 난은 농민들에게 힘을 실어 주기에 충분했지. 서로 힘을 모으면 부패한 나라를 바로잡을 수 있다고 생각한 거야.

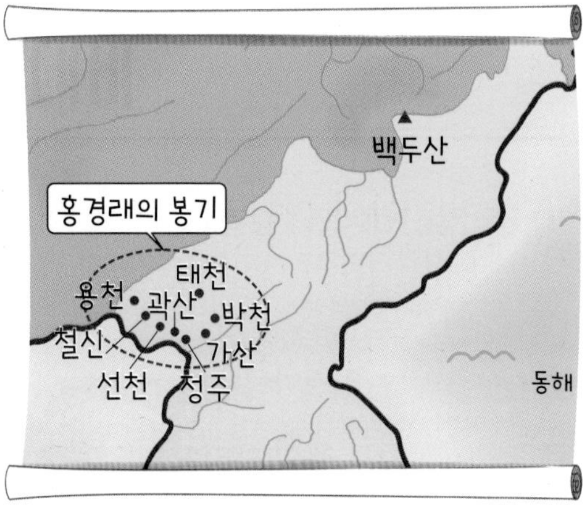

▲ 홍경래의 난이 일어난 평안도는 중국과 국경선이 가까워서 반란이 잦고 이민족의 이동도 빈번해서 지역적으로 차별이 있었어.

이후 봉기는 전국으로 확대되었어. 1862년 임술년에는 전국적으로 봉기가 일어나는데, 이를 '임술 농민 봉기'라고 해. 그중 하나가 '진주 농민 봉기'야. 농민들은 몽둥이와 농기구를 들고 진주성으로 몰려가 부패한 관리를 벌주고, 농민을 괴롭힌 지주의 집에 불을 냈어. 농민 봉기가 이어지자 조선 정부도 세금 제도를 바로잡으려는 노력을 기울였지.

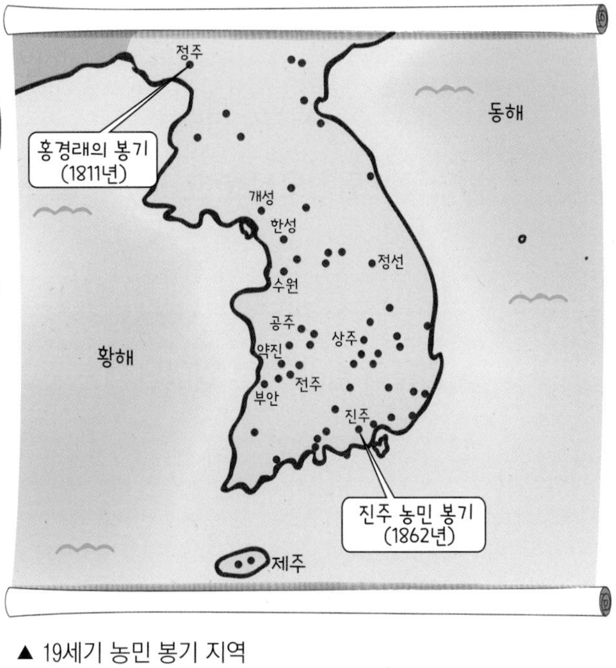

▲ 19세기 농민 봉기 지역

핵심 콕콕 역사 퀴즈

1 빈칸에 들어갈 알맞은 낱말을 찾아 번호를 써 보세요. (   )

> 정조가 갑자기 죽자 정조의 아들 순조는 열한 살 어린 나이에 왕위에 오른다.
> 왕이 어리다는 이유로 나랏일에 나선 사람은 순조의 장인 김조순이었다.
> 이때부터 조선에는 □□ □□가 시작되어, 60여 년 동안 이어졌다.

(1) 왕조 정치　　(2) 세도 정치　　(3) 민주 정치　　(4) 독재 정치

2 단계별 힌트를 보고 답을 써 보세요.

힌트	단계
1862년에 전국적으로 일어났다.	1단계 100점
세도 정치로 살기 힘들어진 백성들이 일으켰다.	2단계 90점
농민들이 탐관오리를 혼내 주려 일으켰다.	3단계 80점
농민들이 벌 떼처럼 일어난다는 뜻이다.	4단계 70점

정답 :　　　　　　　　　　내가 얻은 점수 :

서술·논술 완벽 대비

❶ 정조가 세상을 떠난 이후 조선은 60여 년간 세도 정치가 이어집니다. 세도 정치의 문제점을 다음 낱말을 넣어서 써 보세요.

탐관오리　　세금　　관직　　특정 가문

❷ 다음 지도는 무슨 사건을 나타내는지 쓰고, 이 사건이 일어난 이유를 써 보세요.

2주 5일

서학과 동학

思 생각 **사**
想 생각 **상**
지역, 사회, 인생 따위에 관한 일정한 인식이나 생각

서양 유럽과 남북아메리카의 여러 나라를 이르는 말

조선에 새로 들어온 사상은 바로 서학이야. 서학은 말 그대로 서쪽 즉, 서양의 학문을 뜻해. 또한 서양의 종교인 천주교를 가리키는 말이기도 하지. 당시만 해도 천주교는 종교가 아니라 서양에서 전해진 학문으로 여겼거든.

조선에 천주교를 처음 알린 사람은 이수광이야. 이수광은 자기가 쓴 책 《지봉유설》에서 천주교의 교리를 담은 책에 대해 설명했어. 이후 서학은 정조와 가까웠던 일부 남인들 사이에 종교로 받아들여졌어. 천주교를 믿기 시작한 거지. 우리나라 최초로 천주교 세례를 받은 이승훈도 서학을 연구하다가 천주교 신자가 되었어.

청나라에서 세례를 받고 돌아온 이승훈은 본격적으로 천주교를 사람들에게 전하고, 여러 명을 모아 예배를 보기 시작했어. 예배를 보기 위해 모인 사람들은 상민, 부녀자, 노비까지 다양했지. 이들이 천주교를 더 쉽게 받아들인 이유는 뭘까?

"세상 모든 사람은 평등합니다. 누구든지 예수님을 믿고 기도하면 천국에 갈 수 있습니다."

"정말로 우리 노비도 귀한가요?"

"예수님을 믿고 기도하면 노비도 천국에 갈 수 있는 거지요?"

신분의 차별, 남녀의 차별에 고통받던 사람들이 신 앞에서 인간은 누구나 평등하다는 천주교 교리에 큰 위안을 받았어. 조선에는 점점 천주교를 믿는 사람들이 늘어났지.

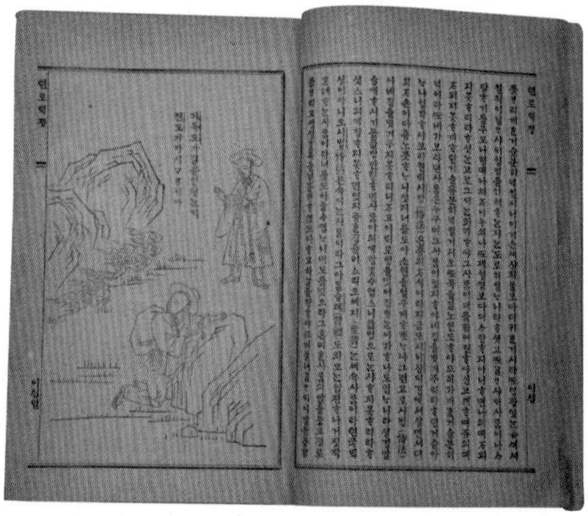

《천로역정》 한글로 번역된 종교적 우화 소설이야. 배경과 옷차림을 조선으로 바꾸고 풍속 화가 김준근이 삽화를 그렸어.

하지만 사회 지배층인 양반들은 달랐어. 양반들은 천주교 신자가 늘어나면 사회가 혼란스러워진다며 천주교를 믿지 말라고 주장했지. 천주교가 퍼지면 양반 중심의 신분 질서와 유교 질서를 무너뜨린다고 생각했기 때문이야. 천주교에서 신은 오직 하느님 한 분뿐이라고 여겼어. 그래서 사람들에게 조상을 신으로 섬기지 말라고 했지. 이것은 해마다 조상에게 제사를 지내는 유교 사상과는 대립되는 것이었어.

조상 돌아간 어버이 위로 대대의 어른

彈 탄알 **탄**
壓 누를 **압**
권력이나 무력 따위로 억지로 눌러 꼼짝 못 하게 함

迫 핍박할 **박**
害 해로울 **해**
못살게 굴어서 해롭게 함

나라에서 본격적으로 천주교를 탄압하기 시작한 것은 정조가 세상을 떠나고 난 뒤부터야. 정조와 가까웠던 남인들을 없애는 데 천주교를 이용한 거지. 남인 중에 천주교를 믿는 사람들이 많았거든. 수원 화성 건축을 담당했던 정약용과 《자산어보》를 지은 정약전도 천주교를 믿었어. 그래서 천주교를 믿는 사람들을 잡아들인다는 이유로 남인들을 몰아낸 거야. 이때 이승훈을 비롯한 천주교 신자 수백 명이 죽고 정약용과 정약전은 유배를 갔어. 신유년에 일어난 이 사건을 '신유박해'라고 해. 하지만 탄압 속에서도 천주교는 서민과 여성들 사이에 여전히 남아 있었어. 부패한 관리들의 횡포로 살기 힘든 백성에게 천주교가 위안이 되었던 거야.

천주교 말고도 백성들을 위로한 또 다른 종교가 있었단다. 바로 1860년에 최제우가 만든 '동학'이야. 최제우는 서학이라 불리던 천주교가 우리 고유의 문화를 망가뜨린다고 생각해서 동학을 만들었어.

동학도 새로운 변화와 개혁을 바라는 백성들의 열망을 잘 반영했단다.

동학의 가장 중요한 교리는 '인내천'이었어. 사람이 곧 하늘이라는 뜻으로, 사람을 섬기는 것이 곧 하늘을 섬기는 것이라고 주장했지. 다시 말해, 모든 사람이 하늘처럼 귀한 존재라는 의미야. 모든 사람이 똑같이 귀하다는 생각은 서학과 같았어.

人 사람 **인**
乃 이에 **내**
天 하늘 **천**

그리고 최제우는 지금 세상이 끝나면 백성이 원하는 다음 세상이 열린다고 말했어. 백성에게 희망을 준 거지. 또한 서양 세력의 침략으로부터 나라를 구해야 모두 편안히 살 수 있다며 우리 것을 지키자고 주장했어.

사람들은 동학을 통해 위안과 희망을 얻었단다. 하지만 동학도 서학과 마찬가지로 박해를 받았어. 모든 사람이 똑같이 귀하다는 생각은 양반들이 보기에는 위험한 것이었으니까. 양반들은 동학이 신분제 사회였던 조선의 질서를 무너뜨린다고 생각했어. 나라에서는 최제우가 동학을 퍼뜨려 세상을 어지럽힌다는 이유로 처형시켰단다.

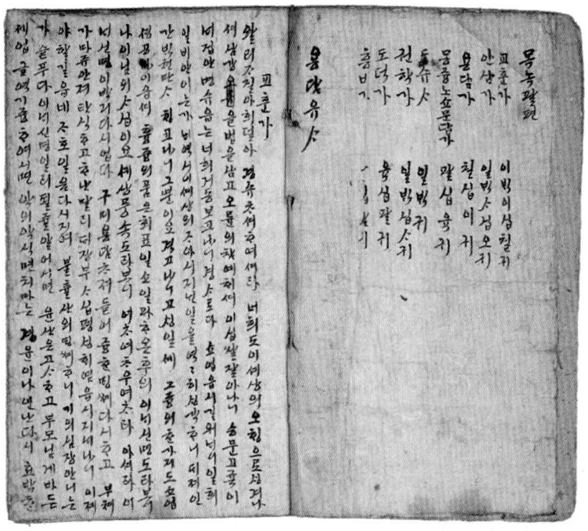

《용담유사》 동학 창시자 최제우가 동학을 널리 전하기 위해 종교적 체험과 사색, 가르침 등을 모아 놓은 가사집이야.

핵심 콕콕 역사 퀴즈

○ 다음 설명을 읽고 맞는 내용을 찾아 줄을 이어 보세요.

출발!

(1)
천주교는 처음에
학문으로 전해져
'서학'이라고 불렸다.

(2)
우리나라 최초로
천주교 세례를
받은 사람은
이승훈이다.

(3)
천주교가 조선에
널리 퍼진 것은
양반들의
도움 때문이었다.

(4)
1860년 최제우는
동학을
창시하였다.

(5)
동학과 천주교는
모든 사람이
평등하다고
주장했다.

(6)
'신유박해'는
천주교를 믿도록
나라에서 권장한
사건이다.

(7)
최제우는 세상을
어지럽힌다는
이유로 처형당했다.

(8)
동학의
중심 사상은
'인내천'이다.

(8)
동학은 양반들을
중심으로
전파되었다.

(9)
나라에서 천주교는
서양의 종교라서
믿지 못하게 했지만,
동학은 믿게 했다.

도착!

서술·논술 완벽 대비

1 조선 후기에 나라에서 왜 천주교를 탄압했는지 이유를 써 보세요.

2 서학과 동학의 공통점과 차이점을 써 보세요.

	서학	동학
공통점		
차이점		

미루의 한눈에 쏙 마인드맵

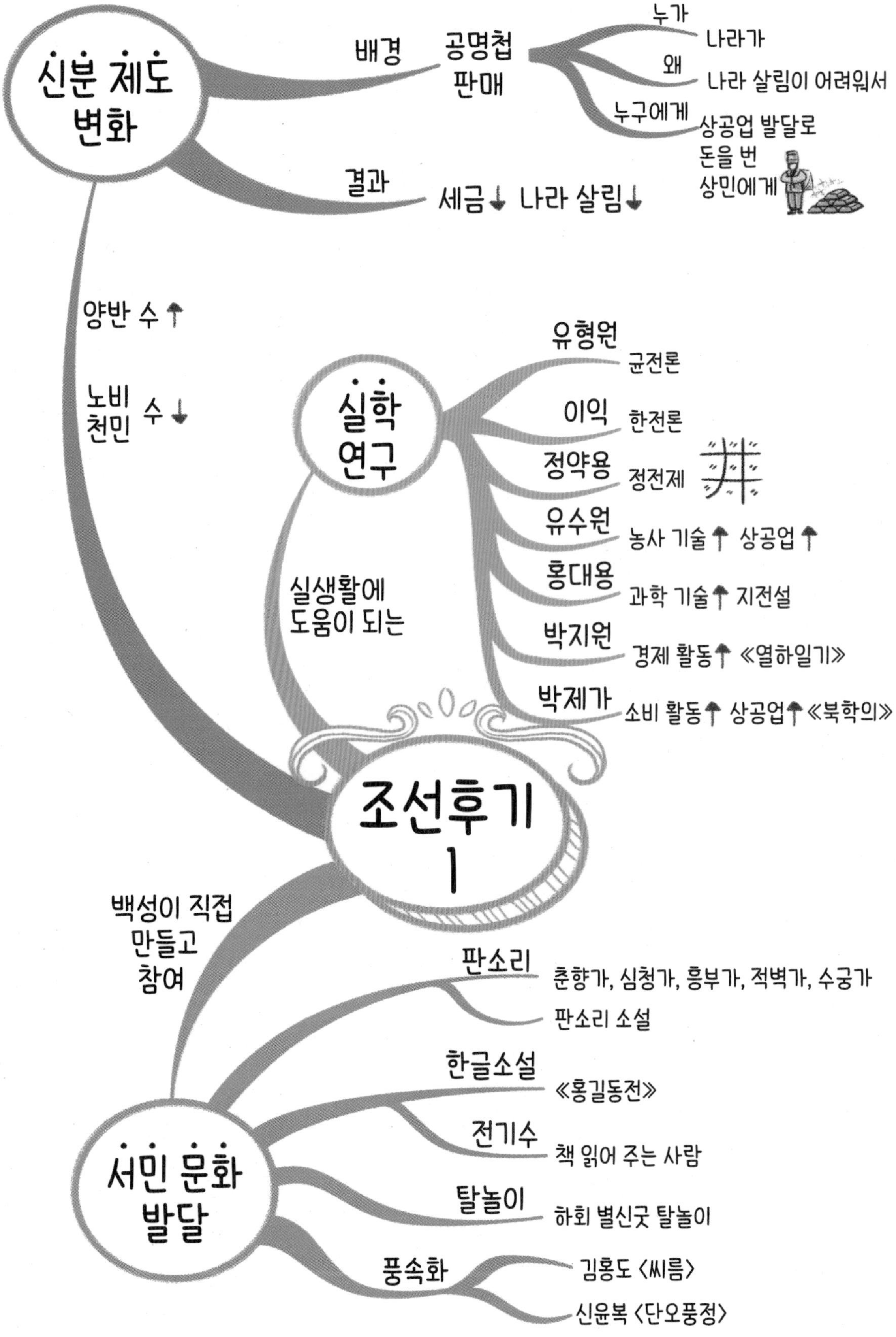

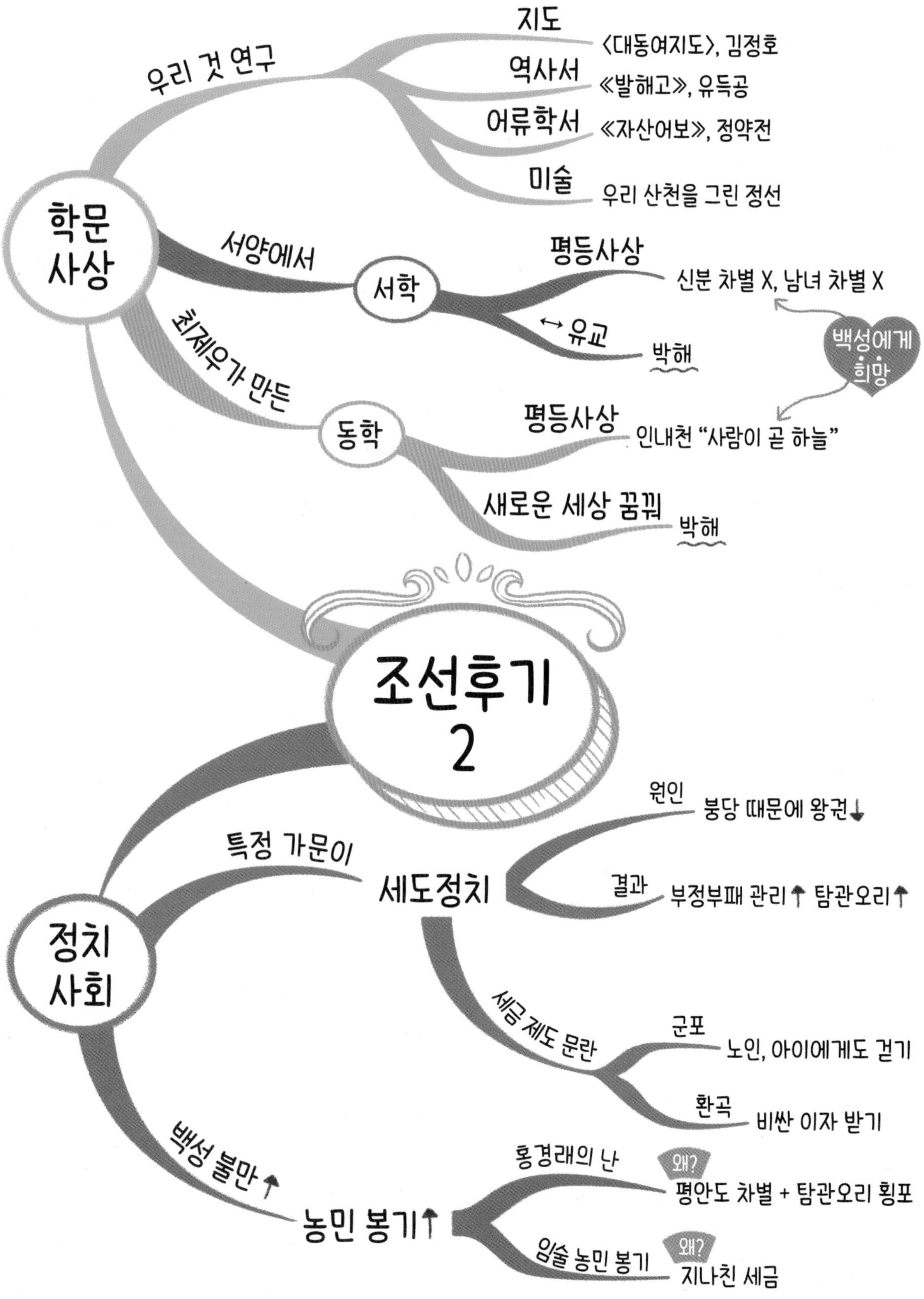
조선후기 2
학문 사상
우리 것 연구
지도
〈대동여지도〉, 김정호
역사서
《발해고》, 유득공
어류학서
《자산어보》, 정약전
미술
우리 산천을 그린 정선
서양에서
서학
평등사상
신분 차별 X, 남녀 차별 X
↔ 유교
박해
백성에게 희망
최제우가 만든
동학
평등사상
인내천 "사람이 곧 하늘"
새로운 세상 꿈꿔
박해
정치 사회
특정 가문이
세도정치
원인
붕당 때문에 왕권↓
결과
부정부패 관리↑ 탐관오리↑
세금 제도 문란
군포
노인, 아이에게도 걷기
환곡
비싼 이자 받기
백성 불만↑
농민 봉기↑
홍경래의 난
왜?
평안도 차별 + 탐관오리 횡포
임술 농민 봉기
왜?
지나친 세금

은파의
실전 대비 수행 평가

○ 다음 조선 후기에 활약했던 사람들 중 네 명을 골라 인물 카드를 만들어 보세요.

김정호 정약용 정약전 유형원 이익

홍대용 박제가 박지원

업적:

관심 키워드:

별명:

목표:

이름:

업적:

관심 키워드:

별명:

목표:

이름:

업적:

관심 키워드:

별명:

목표:

이름:

업적:

관심 키워드:

별명:

목표:

이름:

● 조선 후기 대표적인 풍속화가 김홍도와 신윤복의 작품을 찾아 감상해 보고, 마음에 드는 작품을 정해 감상문을 써 보세요.

김홍도의 〈서당〉

신윤복의 〈단오풍정〉

작품명:

화가:

작품 소개:

작품 내용:

감상 및 느낌:

1865년

경복궁 중건 시작

1866년

병인박해
제너럴셔먼호 사건
병인양요

1871년

신미양요

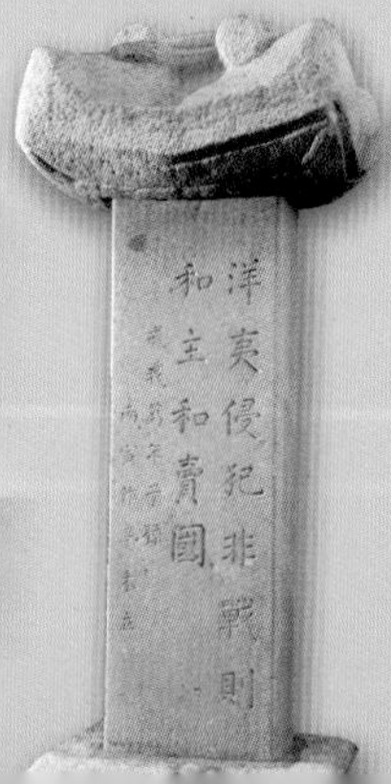

3주

1876년 강화도 조약 체결

1882년 임오군란

1884년 갑신정변

권력을 쥔 흥선 대원군

헌종의 뒤를 이은 철종도 아들 없이 세상을 떠나자, 왕족이었던 흥선 대원군의 아들이 왕이 되었어. 바로 고종이야. 하지만 그때 고종은 고작 열두 살이었어. 그래서 고종의 아버지인 흥선 대원군이 권력을 쥐었지. 흥선 대원군은 세도 정치를 뿌리 뽑고 왕권을 키우려고 노력했어. 가장 먼저 대신들이 모여 나랏일을 의논하고 결정할 수 있도록 의정부의 기능을 강화시키고 실력 있는 인재를 관리로 뽑으려고 했지.

그리고 조선에 있던 많은 서원을 없앴어. 붕당 정치는 서원을 중심으로 이루어졌거든. 그래서 영조 때 서원을 줄였는데도 흥선 대원군은 여전히 서원이 너무 많다며 대대적으로 정리한 거야. 서원을 중심으로 관리들이 무리 지어 다투는 것도 문제였지만, 당시 서원에 들어가는 돈이 너무 많아서 나라의 부담이 컸거든.

〈흥선 대원군 초상화〉 관리가 의식 때 입는 '금관 조복'을 입은 모습이야.

서원은 유학자를 기리는 제사를 지내고, 선비들이 유학을 공부한다는 이유로 나라에서 땅과 노비를 주었어. 또 서원이 소유한 땅에는 세금을 물리지 않았지. 나라에서 지원도 해 주고 세금도 전혀 받지 않으니 서원이 많을수록 나라는 큰 부담이었지. 그런데 이게 다가 아니야.

"이번에 서원에서 제사를 지내니 세금을 내라는군."

"나라에 내는 세금도 힘겨운데 이를 어쩌면 좋아."

일부 서원에서는 백성에게 세금을 걷기도 했단다. 그러니 백성은 서원이 없어지는 걸 환영했지만 반대로 선비들은 반발이 컸어. 그래도 흥선 대원군은 선비들의 반발에 굴하지 않았단다.

"전국의 서원을 모조리 없애라. 백성을 해치는 자는 공자가 다시 살아온다고 해도 용서하지 않을 것이다!"

공자 중국 고대의 사상가로 유교를 처음 만들어 세웠어.

결국 전국에는 모범이 될 만한 서원 47개만 남았어.

흥선 대원군은 세금 제도도 바꿨어. 1871년 군역의 문제점을 고치기 위해 '호포제'를 실시했지. 16~60세의 양인 남자는 군역을 가는 대신 세금으로 군포를 낸다고 했지? 그런데 양반은 글공부를 한다는 이유로 군포를 면제시켜 줬어. 호포제는 양반에게도 군포를 걷는 제도야. 사실 호포제는 영조 때에도 실시하려고 했지만 양반들의 반대가 너무 심해서 실시하지 못했어. 상민과 똑같이 군포를 내면 양반이 상민과 다를 것이 없다며 양반들이 반대했거든. 하지만 흥선 대원군은 호포제 실시를 밀어붙였지.

> 戶 집 **호**
> 布 베 **포**
> 制 지을 **제**
> 군포를 집집마다 걷게 해서 양반도 군포를 낼 수 있도록 한 제도

흥선 대원군은 문제가 많았던 환곡을 없애는 대신 사창제를 실시했어. 지방마다 사창을 두어 곡식을 저장하고, 백성에게 빌려주었지.

> 社 모일 **사**
> 倉 곳집 **창**
> 각 고을의 곡식을 저장해 두던 곳

"흥선 대원군이 양반들의 사치를 금지시킨다는군."

"그 뿐만이 아니네. 양반들이 세금을 안 내려고 숨겨 놓은 땅을 찾으려고 토지 조사도 벌인대. 이제 세상이 정말 달라지려나 봐."

흥선 대원군은 왕실의 위엄을 높이기 위해 임진왜란 때 불타 버린 경복궁을 다시 지으려고 했단다. 처음에는 백성들도 적극적으로 경복궁 건설에 나섰어. 그러던 어느 날이었어.

"불이야, 불이야! 경복궁 쪽에서 큰불이 났다!"

한창 경복궁을 짓는 중에 불이 나면서 건설에 쓰일 나무가 불타 버

경복궁 근정전 왕이 나와서 조회를 하던 정전으로, 신하들의 인사나 축하를 받고 때로는 사신을 맞아들이거나 잔치를 베풀던 곳이야. '근정'은 부지런히 나라를 다스린다는 뜻이지.

리고 만 거야. 다시 지으려면 돈도 시간도 훨씬 더 들겠지. 그러니 어땠겠어? 농사일도 바쁜데 오랜 시간 경복궁 건설에 끌려다니는 백성들의 고통 역시 훨씬 커졌어.

늘어난 공사 비용도 문제였어. 흥선 대원군은 경복궁 공사비를 모으기 위해 양반들에게 원납전을 거뒀어. 원납전은 '원하는 만큼 스스로 내는 돈'이었지. 그런데 돈을 자꾸 더 내라고 하니까 '원망하며 내는 돈'이 된 거야. 그리고 흥선 대원군은 상평통보 100배의 가치를 가진 '당백전'을 새로 발행했어. 하지만 당백전의 실제 가치는 상평통보의 5~6배 정도였지. 결국 당백전 발행으로 물가가 올라 백성들은 더 살기 어려워지고, 나라 살림도 쇠약해졌어.

當 마땅 **당**
百 일백 **백**
錢 돈 **전**

당백전 상평통보의 100배 가치를 가진 당백전은 결국 6개월 만에 유통을 금지했어.

핵심 콕콕 역사 퀴즈

○ 다음 설명은 흥선 대원군이 한 일을 설명한 내용입니다. 서로 어울리는 것끼리 연결해 문장을 완성해 보세요.

(1) 대신들이 나랏일을 의논할 수 있도록	㉠ 호포제를 실시했다.
(2) 상평통보의 100배의 가치를 갖는 당백전을 발행해서	㉡ 의정부의 기능을 강화했다.
(3) 문제가 많았던 환곡을 없애고	㉢ 왕실의 권위를 세우려 했다.
(4) 양반에게도 군포를 걷기 위해	㉣ 사창제를 실시했다.
(5) 경복궁을 다시 지어	㉤ 물가가 올라 나라 살림이 어려워졌다.

서술 · 논술 완벽 대비

1 흥선 대원군이 서원을 정리한 까닭은 무엇인지 써 보세요.

2 흥선 대원군은 왕실의 권위를 높이기 위해 경복궁을 다시 짓습니다. 경복궁 건설에 대한 자신의 의견을 써 보세요.

문을 걸어 잠근 조선

산업 혁명 영국에서 증기 기관을 이용해 방적 기계를 개량함으로써 대량 생산이 가능해지면서 생긴 변화를 말해. 산업 혁명으로 자본주의 경제가 확립되었어.

당시에는 서양의 여러 나라가 무역을 핑계로 다른 나라에 무리한 요구를 하거나 강제적으로 침략하는 일이 빈번했어. 유럽에서는 산업 혁명의 영향으로 많은 변화가 있었지. 산업 혁명은 18세기 후반 기술이 발달하면서 일어난 사회, 경제적인 변화를 말해. 그동안 손으로 물건을 만들었다면 이제는 기계를 이용해서 공장에서 물건을 대량으로 만들 수 있게 된 거야. 그러자 서양은 공장에서 만든 물건을 내다 팔 시장이 필요했고, 물건을 만들 때 필요한 원료를 가져올 곳도 필요했어. 그래서 서양은 아프리카, 아시아 등으로 진출하면서, 조선뿐 아니라 청나라에도 오게 된단다.

1840년에는 청나라와 영국 사이에 아편 전쟁이 일어나지. 이 전쟁에서 청나라는 영국에 지고 말아. 또 1860년에는 영국과 프랑스 연합군에게 수도 베이징을 빼앗기지. 조선은 커다란 청나라가 서양 세력에 힘을 잃는 모습에 충격을 받았어. 비슷한 시기에 일본도 미국의 위협을 받아 서양과 교류를 시작했지. 러시아는 세력을 넓혀 두만강 근처까지 다가왔단다.

이런 상황에 조선의 고민은 커졌어. 일부 지식인들은 조선도 서양과 교류해야 한다고 주장했지. 하지만 일부 조선인의 눈에는 서양이 온 세상을 제멋대로 들쑤시고 다는 것 같아 불편했어. 그리고 이들의 걱정은 현실이 되었지.

1866년 프랑스 군함이 강화도로 쳐들어온 거야. 프랑스군은 강화도를 차지하고 조선에 배상금과 통상을 요구했어. 이 사건을 병인년에 서양이 쳐들어왔다는 의미로 '병인양요'라고 해. 갑자기 이게 무슨 일이냐고? 프랑스군이 쳐들어오기 전에 조선에서 병인박해가 일어났거든.

通 통할 **통**
商 장사 **상**
나라들 사이에 서로 물품을 사고파는 것

洋 큰 바다 **양**
擾 시끄러울 **요**
서양 사람들의 침입으로 일어난 난리

절두산 천주교 성지 병인박해 때 이곳에서 처형당한 천주교 신자들을 위해 세운 성지야. 서울 마포구 합정동에 있는 산봉우리로 원래는 누에 머리를 닮아 '잠두봉'으로 불렸는데, 이곳에서 천주교 신자들의 목을 잘라 '절두산'으로 이름이 바뀌었어.

정조가 죽은 뒤, 신유박해가 일어나서 천주교 신자들이 죽거나 잡혀갔다고 했던 거 기억하지? 그 이후에도 천주교 탄압은 계속되었어. 흥선 대원군은 조선에 천주교 신자가 늘어나자 천주교의 전파를 막기 위해 천주교 신자 2천여 명을 죽였는데, 이때 프랑스인 선교사 9명도 처형당했지. 이 사건이 병인년에 일어난 '병인박해'야. 이 소식을 들은 프랑스는 군함을 몰고 와서 프랑스 신부를 죽였으니 배상금을 내라고 요구했어. 그리고 그 핑계로 조선과 통상을 하자고 요구한 거야.

조선은 프랑스의 통상 요구에 전쟁으로 맞섰어. 강화도에서 조선군과 프랑스군의 싸움이 벌어졌는데, 조선이 결국 승리했지. 한 달여 만에 프랑스군은 강화도에서 쫓겨났지만 조선의 피해 또한 컸어. 강화도를 떠나면서 프랑스군이 강화도 외규장각에 보관하던 우리 문화유산과 책을 잔뜩 훔쳐 갔거든. 다 훔쳐 갈 수 없자 외규장각에 불을 지르고 도망갔지.

외규장각 왕실 도서를 보관하는 규장각과는 별도로 왕실 도서를 더 안전하게 보존하기 위해 설치한 왕실 도서관

1866년, 병인년은 당시 사람들에게 정말 잊기 힘든 해였어. 수많은 천주교 신자가 목숨을 잃은 병인박해가 일어났고, 그것이 원인이 되어 프랑스 군함이 쳐들어오는 병인양요가 있었으니까. 게다가 그해에는 미국의 배가 평양에 들어와 난리를 피우다 불타는 사건도 있었단다. 미국의 '제너럴셔먼호'가 평양으로 들어와서 통상을 하자고 요구한 거야. 하지만 조선은 외국과는 통상하지 않으니 돌아가라고 했어. 그런데 이들은 말을 듣지 않고 평양의 백성들을 괴롭히고 물건을

빼앗으며 함부로 굴었어. 그러자 화가 난 조선 백성들은 그들이 몰고 온 제너럴셔먼호를 불태웠어.

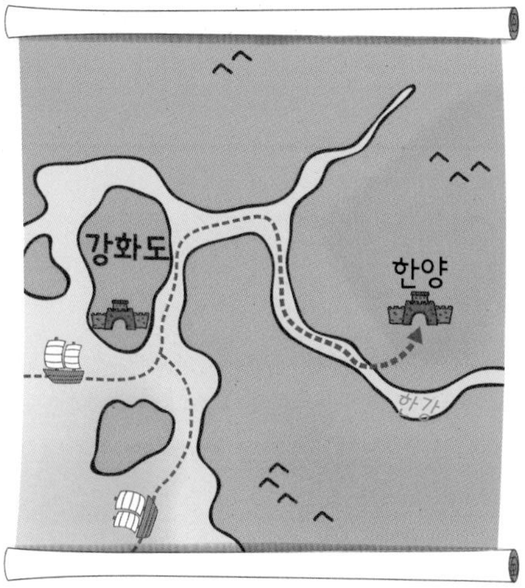

▲ 강화도는 뱃길을 따라 한양으로 바로 들어올 수 있어서 외국의 침략을 자주 받았어.

1866년 병인년에 일어난 이 사건을 핑계로 미국은 1871년 신미년에 강화도를 침략했어. 제너럴셔먼호에 불을 질렀으니 책임을 지라면서 이번에도 통상을 요구했지. 하지만 조선은 응하지 않아 결국 전쟁이 일어났어. 신미년에 미국이 강화도로 쳐들어온 이 사건을 '신미양요'라고 해. 조선의 끈질긴 저항에 미국은 돌아갔지만, 두 번이나 서양 세력과 전쟁을 치르고 나니 서양에 대한 분노가 더 커졌어.

흥선 대원군은 서양을 배척하기 위해 조선 곳곳에 척화비를 세웠지. 서양 문물이 마구 들어와서 우리의 문화와 경제를 망가뜨리는 것을 막아야 한다고 생각한 거야.

斥	물리칠	**척**
和	화목할	**화**
碑	비석	**비**

척화비 '서양 오랑캐가 침범하는데 싸우지 않으면 화친하자는 것이요, 화친을 주장함은 나라를 파는 것이다.'라는 내용이 적혀 있어.

핵심 콕콕 역사 퀴즈

● 다음 설명과 어울리는 것을 찾아 서로 연결해 보세요.

(1) 뱃길을 따라 한양으로 바로 들어올 수 있는 지리적 위치 때문에 외국의 침략을 자주 받았다. •

(2) 천주교의 전파를 막기 위해 천주교 신자를 죽이고, 프랑스인 선교사 9명을 처형했다. •

(3) 프랑스가 프랑스인 선교사를 죽인 것을 핑계로 배상금과 통상을 요구하며 쳐들어왔다. •

(4) 제너럴셔먼호가 평양으로 들어와 통상을 요구하며 난동을 부려서 제너럴셔먼호에 불을 질렀다. •

(5) 미국이 제너럴셔먼호 사건을 핑계로 통상을 요구하며 쳐들어왔다. •

(6) 흥선 대원군은 서양과 교류하지 않을 것을 알리는 비석을 세웠다. •

• ㉠ 신미양요

• ㉡ 제너럴셔먼호 사건

• ㉢ 강화도

• ㉣ 병인박해

• ㉤ 척화비

• ㉥ 병인양요

서술 · 논술 완벽 대비

1 병인양요와 신미양요의 공통점을 써 보세요.

2 척화비를 세우고 서양과의 교류를 막은 흥선 대원군의 정책을 어떻게 생각하는지 써 보세요.

일본과 맺은 강화도 조약

척화비에 쓴 글처럼 흥선 대원군은 서양 세력을 멀리하는 것이 조선을 지키는 일이라고 생각하여 나라의 문을 꼭꼭 걸어 잠갔어. 하지만 반대편에서는 서양의 기술을 받아들여 조선도 힘을 길러야 한다는 주장이 나왔지. 이러한 생각을 가진 사람들을 '개화파'라고 해.

開 열 **개**
化 될 **화**
새로운 문물을 받아들이는 것

이후 조선 정치에는 큰 변화가 생기기 시작했어. 흥선 대원군이 물러나고 성인이 된 고종이 직접 나라를 다스리게 된 거야. 그런데 고종은 흥선 대원군과는 달리 외국과 교류가 필요하다고 생각했어. 고종이 직접 나라를 다스리자 개화파도 점차 목소리를 높이기 시작했지.

개화파였던 박규수는 나라의 문을 열어 과학 기술을 받아들여야 서양 세력에게 당하지 않을 거라고 주장했어. 그리고 일본하고도 외교를 해야 한다고 했지. 당시 일본은 서양의 과학 기술을 받아들여 빠르게 성장했는데 일본이 조선을 공격할 거라는 소문이 떠돌았어. 마침 그 무렵 일본에서 외교를 맺자는 문서가 도착했어.

"이렇게 무례할 수가 있나. 일본 왕이 조선의 왕을 낮춰 부르다니 이런 문서를 받고 관계를 이어갈 수는 없다!"

조선은 예의에 어긋난 문서에 화를 내며 외교를 거부했어. 그러자 일본은 작전을 바꿔 강화도에 '운요호'를 비롯한 두 척의 배를 보냈어. 그리고 조선군이 뻔히 보는 앞에서 총 쏘는 연습을 하고, 닻을 내려 바다 깊이를 쟀지. 이 모습을 본 조선군은 남의 바다에 함부로 와서 위협적인 행동을 하는 일본을 그냥 둘 수가 없었어.

'펑! 펑!'

강화 초지진의 성벽 운요호 사건 당시 싸움을 벌였던 곳으로, 흰 부분은 포격을 당한 흔적이 남은 곳이야.

조선군은 운요호 가까이에 대포를 쏘며 물러날 것을 요구했어. 그러자 운요호는 조선군의 경비가 허술한 영종도로 몰려가서 불을 지르고, 백성을 죽이는 등 행패를 부리고 돌아갔지. 그리고 며칠 뒤 일본에서 통보했어.

"조선이 운요호를 공격하여 피해를 입었으니 배상금을 주고, 서로 통상할 것을 요구한다."

이제 일본의 작전을 알겠지? 일본은 일부러 '운요호 사건'을 일으키고, 이 사건을 핑계로 조선에 통상을 요구한 거야. 그러면서 일본과 통상 조약을 맺지 않으면 전쟁을 일으키겠다고 조선을 협박했지.

강화도 연무당 일본군이 수호 조약 체결을 강요하며 무력 시위하는 모습이야.

조약 국가 간의 권리와 의무를 국가 간의 합의에 따라 법적 구속을 받도록 규정하는 행위

조선은 일본과 수교를 맺어. 당시 나라를 다스리던 고종은 조선이 다른 나라와 교류하면서 더욱 발전하기를 바랐거든. 조선은 1876년 강화도에서 '조일 수호 조규'를 맺지. 강화도에서 조약을 맺어서 '강화도 조약'이라고도 불러. 강화도 조약은 우리나라가 다른 나라와 맺은 최초의 근대적 조약이야. 그런데 너무나 아쉬운 것은 조약의 내용이 불평등했다는 거야.

강화도 조약에서 일본은 조선을 자주국이라고 강조해. 자주국은 다른 나라의 보호나 간섭을 받지 않은 나라를 말하지. 이는 일본이 조선을 자주국으로 인정하는 것처럼 보이지만 사실은 조선과 일본의 교류에 청나라는 참견할 수 없다는 걸 알리려는 의도였어. 청나라의 영향을 받지 않고 일본 마음대로 조선과 교류하려는 속셈이었던 거지.

▲ 조선은 강화도 조약을 맺은 뒤 원산, 인천, 부산의 항구를 열어 일본 선박의 출입을 허가했어.

강화도 조약에는 일본인의 치외 법권을 보장한다고도 적혀 있어. 일본인이 조선에서 잘못해도 조선의 법으로 처벌할 수 없다는 뜻이야. 그래서 치외 법권을 믿고 조선에 들어와 행패를 부리는 일본인이 많아졌어.

치외 법권 다른 나라의 영토에 머물면서도 그 나라의 법을 적용받지 않는 권리

또 일본은 조선에 관세 없이 물건을 팔게 해 달라고 했어. 보통 다른 나라에 물건을 팔 때는 관세라는 세금이 붙어. 관세가 붙으면 수입품의 가격은 국내 제품보다 비싸지지. 이렇게 관세로 자기 나라 경제를 보호하는 거야. 그런데 일본 물건에 관세를 매기지 않고 마구 팔아서 이후 조선의 경제는 큰 어려움을 겪게 돼.

핵심 콕콕 역사 퀴즈

● 다음 내용이 맞으면 ○표, 틀리면 ×표 해 보세요.

(1) 서양의 기술을 받아들여 힘을 길러야 한다고 생각한 사람들을 개화파라고 한다. ☐

(2) 고종은 흥선 대원군처럼 나라의 문을 걸어 잠가야 한다고 생각했다. ☐

(3) 일본의 운요호는 조선의 허락을 받고 조선 바다에 들어왔다. ☐

(4) 일본은 운요호 사건을 핑계로 통상을 요구했다. ☐

(5) 조선은 미국과 최초의 근대적 조약을 맺는다. ☐

(6) 조선이 일본과 맺은 근대적 조약은 강화도 조약이다. ☐

(7) 강화도 조약은 조선과 일본이 맺은 평등한 조약이다. ☐

(8) 조선은 일본인의 치외 법권을 보장해 주었다. ☐

(9) 강화도 조약을 맺으면서 조선은 부산, 원산, 인천을 개항했다. ☐

(10) 조선은 일본의 물건을 들여올 때 관세를 매겼다. ☐

서술·논술 완벽 대비

◦ 다음은 강화도 조약의 내용 일부를 쉽게 쓴 글입니다. 강화도 조약이 불평등한 이유를 써 보세요.

제1 조선국은 자주 국가로 일본국과 동등한 권리를 가진다.

제5 조선은 오가기 편리한 항구 두 곳을 골라 개항한다.

제7 일본은 수시로 조선 해안을 측량하여 지도를 만들 수 있다.

제9 일본과 조선 백성들은 자유롭게 거래하며, 관리들은 간섭하거나 금지할 수 없다.

제10 일본인이 조선이 지정한 항구에서 범죄를 저지르면 일본에 돌려보내어 조사하고 판결하게 한다.

울분에 찬 임오군란

別 다를 **별**
技 재주 **기**
軍 군사 **군**

강화도 조약 이후 조선은 개화 정책에 따라 신식 군대인 '별기군'을 만들었단다. 별기군은 신식 옷에 신식 무기, 신식 군사 훈련을 받았어. 많은 돈을 들여 일본에서 무기를 사 왔고, 일본인 교관에게 군대의 교육까지 맡겼지.

수신사 일본에 보내던 외교 사절

그리고 일본에 수신사를 보내 일본의 발달된 여러 기술과 문화를 배우기 시작했어. 다른 나라 상황에 관심을 기울이면서 일본으로 유학을 가는 사람도 있었고, 청나라에 가서 무기 만드는 방법 등 과학 기술을 익히는 사람도 있었지. 그런데 이런 모습을 걱정스럽게 보는 눈이 있었어.

"나라 꼴이 엉망이 되고 있소. 이대로 두어서는 안 될 것이오!"

衛 지킬 **위**
正 바를 **정**
斥 물리칠 **척**
邪 간사할 **사**

이들을 '위정척사파'라고 해. 위정척사는 바른 것을 지키고, 잘못된 것을 멀리한다는 뜻이야. 위정척사파가 생각한 바른 것은 전통적인 유교 문화였고, 잘못된 것은 서양 문화였어. 많은 유학자가 위정척사를 주장했지.

조선은 개화 정책을 찬성하는 개화파와 반대하는 위정척사파의 대립으로 나라가 불안했지. 이 상황에서 큰 사건이 벌어졌어.

"별기군만 군인이고 우리는 군인이 아니야?"

"1년 만에 주는 월급이 이게 뭐냐?"

"이걸 사람이 먹으라고 준 거냐!"

이게 무슨 일이냐고? 별기군은 특별한 대우를 받은 반면에 구식 군인들은 월급도 제때 받지 못하고 차별을 당한 거야. 별기군이 입을 제복을 맞추고, 신식 무기를 사는 데 돈을 쓰느라 구식 군대의 월급을 주지 않았지. 구식 군인들이 1년 만에 받은 밀린 월급은 턱없이 적었어. 게다가 월급으로 받은 곡식에는 쌀겨와 모래까지 섞여 있었지 뭐야. 참고 참았던 군인들은 화가 폭발하고 말았단다. 이것을 1882년, '임오년에 일어난 군인들의 반란'이라는 뜻으로 '임오군란'이라고 해.

별기군 신식 군대인 별기군의 모습이야.

구식 군인들은 별기군을 지도하는 일본 교관을 죽이는 등 반란을 일으켰어. 거리를 돌아다니는 일본인도 가만두지 않았지. 겁을 먹은 일본인 중 몇몇은 일본으로 도망갈 정도였어. 이때 일부 백성도 반란을 함께 했어. 일본과의 교류로 외국 상품이 들어오면서 팔아야 할 물건 값이 떨어진 데다 곡물을 수출해 먹고사는 데 어려워졌기 때문이야.

명성황후 고종의 비로 고종이 대한 제국을 세우고 황제로 즉위하면서 명성황후로 칭해졌어.

구식 군인들은 별기군과의 차별이 일본과 명성황후가 앞장서서 벌인 일이라고 생각했어. 그래서 명성황후를 잡겠다고 궁궐까지 쳐들어갔지. 이 소식을 들은 명성황후는 서둘러 궁궐을 빠져나가 몸을 피했어.

임오군란을 수습한 건 흥선 대원군이었어. 흥선 대원군은 군인들에게 밀린 월급을 주었어. 그리고 이참에 명성황후를 몰아내고 다시 한 번 권력을 쥐려고 했지. 하지만 흥선 대원군의 권력은 오래가지 못했어. 조선에 새로운 세력이 밀려들어 왔거든.

"청나라 군대가 들이닥치고 있어요!"

"아이고, 청나라 군대가 흥선 대원군을 끌고 갔다는군."

청나라 군대는 어떻게 조선에 온 걸까? 그건 권력에서 밀려난 명성황후와 그 주변 세력들이 요청했기 때문이야. 명성황후가 임오군란을 막으려고 청나라에 군대를 보내 달라고 요청한 거지. 청나라는 일본이 조선과 강화도 조약을 맺은 뒤부터 조선을 간섭할 기회를 노리

고 있었거든. 그런데 마침 명성황후의 요청에 기회를 잡아 조선으로 군대를 보낸 거야.

백성들은 우리나라 일에 청나라가 간섭하는 것이 못마땅했어. 그래서 물러나라며 들고일어났지. 청나라 군대는 힘으로 우리 백성들의 요구를 묵살했어.

임오군란 당시 일본 공사 관원의 모습

명성황후와 그 세력들은 그들이 원하는 대로 다시 권력을 차지했어. 그 후 조선은 청나라 상인들에게 여러 가지 혜택을 주기로 약속하고, 청나라의 간섭까지 받게 돼.

한편, 일본은 임오군란 당시 일본인들이 받은 피해를 배상하라고 요구해. 이때 맺은 '제물포 조약'으로 일본은 배상금을 받았고, 조선에 있는 일본인들을 보호한다는 핑계로 조선에 일본 군대도 들여보냈지.

신식 군대와의 차별 때문에 일어난 임오군란은 엉뚱하게 조선이 일본에 이어 청나라의 간섭까지 받는 일로 번지게 되었어. 나라 안의 일을 우리 힘으로 해결하지 못하고, 다른 나라의 도움으로 해결하려다 보니 생긴 문제였지. 그리고 일부 정치가들이 나라를 걱정하기보다 권력을 차지하려는 욕심에 다른 나라를 끌어들였다는 문제도 있었어.

핵심 콕콕 역사 퀴즈

◆ 다음 설명을 읽고 맞는 것에 색칠하며 징검다리를 건너 보세요.

(1) 강화도 조약 이후 신식 군대인 별기군이 창설되었다.

(2) 위정척사파는 서양 문화를 바른 것이라고 생각했다.

(3) 임오군란은 차별받던 구식 군대가 일으켰다.

(4) 임오군란 때 입은 피해 배상을 요구하는 일본과 제물포 조약을 맺었다.

(5) 조선 백성들은 청나라 군대를 환영했다.

(6) 명성황후와 그의 세력은 임오군란을 막기 위해 청나라에 도움을 요청했다.

(7) 임오군란이 일어나자 별기군이 막았다.

서술 · 논술 완벽 대비

1 개화파와 위정척사파의 주장은 서로 어떻게 다를까요? 양측의 주장을 써 보세요.

개화파는

위정척사파는

2 임오군란에 대한 다음 질문에 답해 보세요.

(1) 왜 일어났나요?

(2) 어떤 일이 벌어졌나요?

(3) 어떻게 되었나요?

3일 만에 끝난 갑신정변

穩 평온할 **온**
健 굳셀 **건**
생각이나 행동 따위가 사리에 맞고 건실함

急 급할 **급**
進 나아갈 **진**
목적이나 이상 따위를 급히 실현하고자 함

청나라 군대가 들어온 이후 조선의 개화파는 온건 개화파와 급진 개화파로 나뉘어 맞섰어. 온건 개화파는 우리 것을 지키면서 서양 기술을 받아들이는 정도로 천천히 개화하자고 주장했어. 반면 급진 개화파는 서양 기술뿐 아니라 사회 제도, 문화와 학문까지 받아들여 빨리 변화해야 한다고 주장했지. 급진 개화파 입장에서는 온건 개화파의 주장이 답답했어.

그런데 권력을 쥔 세력은 온건 개화파였어. 고종과 명성황후를 비롯해 김홍집, 김윤식, 어윤중 등이 온건 개화파였거든. 급진 개화파는 온건 개화파의 권력을 무너뜨리고 개화를 이루어야겠다고 결심했는데 마침 적당한 때가 왔어.

"명성황후를 뒷받침해 주던 청나라 군대 절반이 조선을 떠난다고 합니다. 지금이 기회입니다."

"일본이 군사를 지원하기로 했습니다."

"좋습니다. 이번 우정총국 축하연 때 일을 벌여 봅시다."

급진 개화파는 어떤 일을 계획한 걸까? 급진 개화파의 중심인물은 김옥균이었어. 김옥균과 뜻을 같이한 사람은 박영효, 서광범, 서재필, 홍영식 등이었지. 이들은 1884년 새롭게 문을 연 우정총국 축하연에서 정변을 일으키기로 해. 정변은 나라의 법을 어기고 일으킨 반란 등에 의해 일어나는 정치적인 큰 변화를 뜻하지.

우정총국 조선에 세워진 최초의 우체국으로, 조선 후기 우편 업무를 담당하던 관청이야.

김옥균 일행은 나름 철저하게 계획을 짰어. 일부러 불을 내서 축하연을 혼란에 빠뜨리고, 그 틈을 타 궁궐로 가서 왕에게 개혁을 몰아붙이도록 요구하려고 했지. 이 계획을 실행하기 위해 김옥균뿐 아니라 궁궐의 문지기, 궁녀까지 힘을 모으기로 했어. 드디어 축하연이 열리는 날이 되었어.

(왼쪽부터)박영효, 서광범, 서재필, 김옥균 갑신정변을 일으킨 주요 인물들이야.

"불이야, 불이 났다!"

축하연이 한창이던 늦은 밤, 밖에서 다급한 소리가 들려왔어. 행사에 참석했던 사람들이 놀라 밖으로 뛰쳐나갔지. 그중 명성황후 세력의 중심인물이던 민영익이 칼을 맞고 쓰러졌어. 사람들은 더욱 놀라 우왕좌왕했지. 그 틈에 김옥균, 박영효, 서광범은 왕이 있는 창덕궁으로 갔어. 문지기들은 미리 약속한 대로 문을 열어 이들이 궁에 들어오도록 도왔지. 궁녀들은 궁 안에 화약을 터뜨려 큰일이 난 듯이 꾸몄어. 놀란 명성황후는 청나라 군사가 반란을 일으켰다는 거짓말만 믿고 다른 곳으로 몸을 피했지.

"드디어 우리에게 기회가 왔습니다."

"어서 우리가 준비한 정부를 꾸리고 개혁을 이루어 나갑시다."

정변 혁명이나 쿠데타 등의 비합법적인 수단으로 생긴 정치상의 큰 변동

이것이 1884년, 갑신년에 일어난 '갑신정변'이야. 김옥균과 그 일행은 서둘러 고종의 승인을 받아 새로운 정부를 구성했어. 그리고 그동안 준비한 개혁안을 발표했지.

- 청나라에 조공하는 것을 폐지한다.
- 문벌을 없애 모든 사람이 평등한 권리를 갖고 능력에 따라 관리를 뽑는다.
- 조세 제도를 고쳐 관리의 부정부패를 막고 백성을 보호하며 나라 살림을 넉넉하게 만든다.
- 탐관오리를 가려내 처벌한다.

갑신정변의 개혁안은 신분제가 아닌 평등한 근대 국가를 만들자는 거였어. 하지만 이 계획은 제대로 실행되지 못했단다. 정권을 잡은 지 3일 만에 청나라 군대가 공격해 오자 개혁을 일으킨 세력들이 흩어졌거든.

근대 국가 인간의 자유와 평등, 기본권을 보장하고 의회 정치를 하는 등의 근대적 특징을 갖는 국가

청나라 군대가 또 어떻게 나섰느냐고? 명성황후 세력이 다시 청나라에 도움을 요청했거든. 청나라 역시 일본의 도움으로 갑신정변이 성공하는 걸 원하지 않았지.

그럼 정변을 돕기로 한 일본 군대는 뭘 했을까? 청나라 군대가 나서자 일본 군대는 슬그머니 물러났어. 적은 수의 일본군으로 청나라 군대를 이길 수 없다고 생각했기 때문이야. 결국 일본을 믿고 일으킨 갑신정변은 3일 만에 실패로 끝이 났어. 김옥균과 박영효는 일본으로 도망갔지. 개혁에는 백성의 지지가 필요하고, 그러기 위해서는 개혁의 필요성을 백성에게 적극적으로 알려야 했지만 그러지 못한 거야.

핵심 콕콕 역사 퀴즈

1 다음은 무엇에 대한 설명인지 알맞은 낱말을 빈칸에 써 보세요.

(1)

(2)

2 갑신정변을 다음 육하원칙에 맞게 알맞은 내용을 찾아 정리해 보세요.

(1) 누가 •

(2) 어디에서 •

(3) 언제 •

(4) 무엇을 •

(5) 왜 •

(6) 어떻게 •

• ㉠ 우정총국에서

• ㉡ 개국 축하 파티가 열릴 때

• ㉢ 박영효, 서광범, 서재필, 김옥균 등을 중심으로 한 급진 개화파가

• ㉣ 정변을 일으켰다.

• ㉤ 우정총국에 불을 지르고 창덕궁으로 몰려갔다.

• ㉥ 조선의 개화를 빠르게 실행하기 위해서

서술·논술 완벽 대비

❶ 급진 개화파와 온건 개화파의 주장 중에서 자신은 누구의 의견에 동의하는지 써 보세요.

❷ 갑신정변이 실패한 원인을 아래 낱말을 사용해 써 보세요.

일본	백성의 지지

미루의

한눈에 쏙 마인드맵

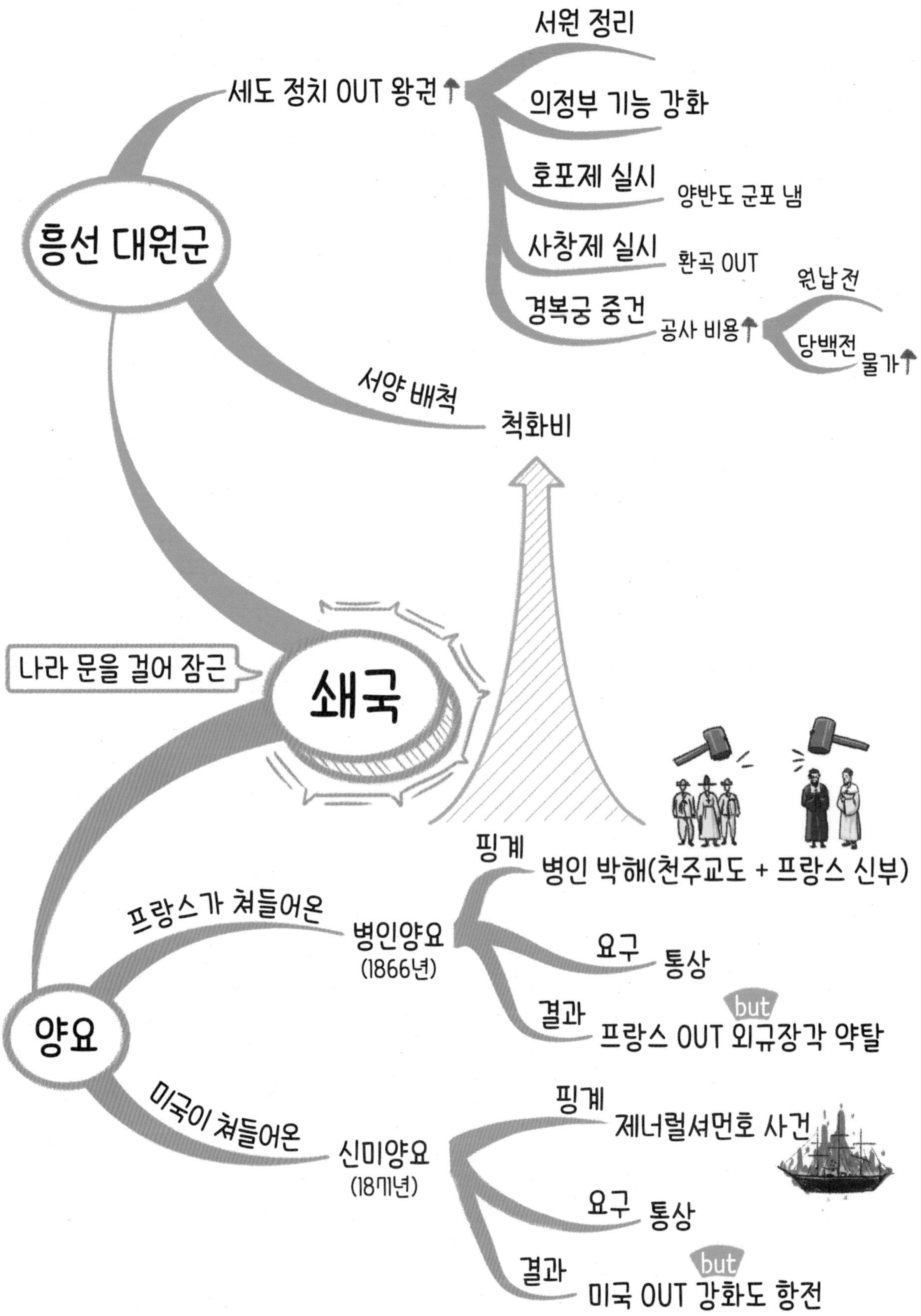

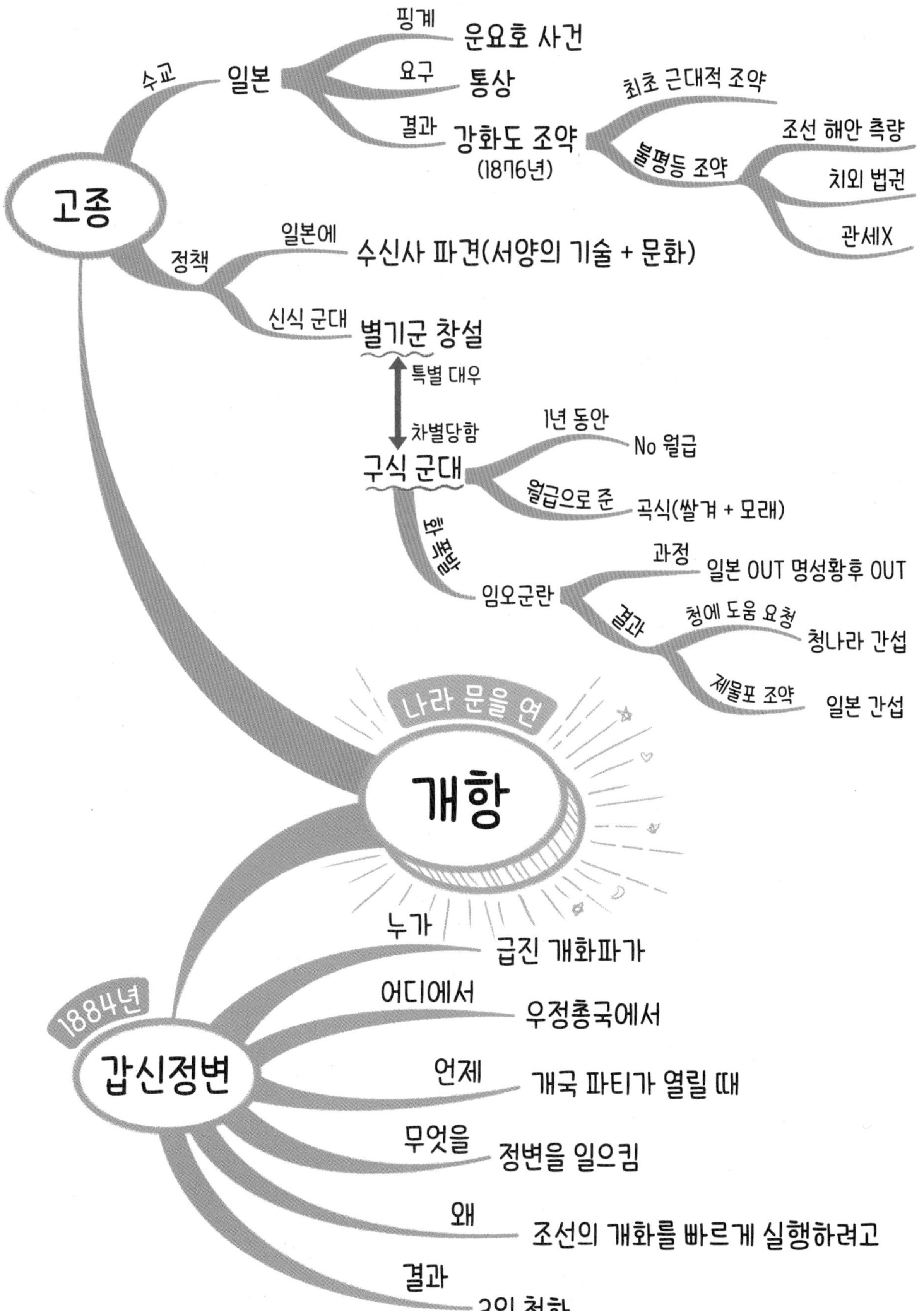

고종
수교
일본
핑계
운요호 사건
요구
통상
결과
강화도 조약
(1876년)
최초 근대적 조약
불평등 조약
조선 해안 측량
치외 법권
관세X
정책
일본에
수신사 파견(서양의 기술 + 문화)
신식 군대
별기군 창설
특별 대우
차별당함
구식 군대
1년 동안
No 월급
월급으로 준
곡식(쌀겨 + 모래)
화 폭발
임오군란
과정
일본 OUT 명성황후 OUT
결과
청에 도움 요청
청나라 간섭
제물포 조약
일본 간섭
나라 문을 연
개항
1884년
갑신정변
누가
급진 개화파가
어디에서
우정총국에서
언제
개국 파티가 열릴 때
무엇을
정변을 일으킴
왜
조선의 개화를 빠르게 실행하려고
결과
3일 천하

은파의

실전 대비 수행 평가

○ 조선의 개화를 놓고 고민했던 흥선 대원군과 고종, 명성황후를 만났다고 상상하며 가상의 인터뷰를 꾸며 보세요.

interview

흥선 대원군

질문:

답변:

고종

질문:

답변:

명성황후

질문:

답변:

다음 사건들 중에서 하나를 직접 경험했다고 상상하며 일기를 써 보세요.

병인박해 | 병인양요 | 신미양요 | 강화도 조약 | 임오군란 | 갑신정변

년 월 일 날씨 :

1894년

동학 농민 운동
갑오개혁 실시

1895년

을미사변
을미개혁 실시

4주

1896년

아관파천
독립협회 설립

1897년

대한 제국 성립

1898년

만민 공동회 개최

4주 1일

동학 농민 운동의 전개

조선을 개혁하겠다며 갑신정변까지 일으켰지만, 양반과 관리들의 횡포는 여전했어. 특히 전라도 고부 군수 조병갑의 횡포는 극에 달했지. 고부 지역 사람들의 대화를 들어 볼까.

"오늘은 무슨 일로 관아에서 곤장을 맞은 게요?"

"농사지을 때 쓴 물값을 내지 않았다고 때리더군."

"아이고, 세금을 걷다 못해 물값까지 내라고 하다니."

보 논에 물을 대기 위해 둑을 쌓아 흐르는 냇물을 막고 그 물을 담아 두는 곳

고부 군수 조병갑은 온갖 비리를 저지르며 백성들을 괴롭혔어. 자기 아버지의 비석을 세운다며 돈을 내라고 하지를 않나, 멀쩡한 보를 놔두고 새 보를 만들더니 물값을 내라고 하지를 않나. 그러니 살 수가 있어야지. 백성들은 군수를 찾아갔어.

만석보 유지비 농사에 필요한 물을 공급해 주던 만석보를 놔두고, 조병갑이 다른 보를 만들고 물세를 걷었어. 동학 농민 운동은 만석보를 때려 부수면서 시작되었지. 이 비석은 이를 기념하기 위해 이후에 세워졌어.

"제발 백성들의 사정을 헤아려서 세금을 내려 주십시오."

"지금 나를 협박하는 것이냐? 괘씸하구나. 이자들을 매우 쳐라!"

조병갑을 찾아간 백성들은 매만 맞고 쫓겨났어. 그들 중에는 전봉준의 아버지도 있었지. 전봉준의 아버지는 심하게 매를 맞아서 앓다가 죽고 말았어. 전봉준과 농민들은 더는 참을 수가 없었지. 전봉준을 중심으로 농민들이 힘을 모아서 들고일어났어.

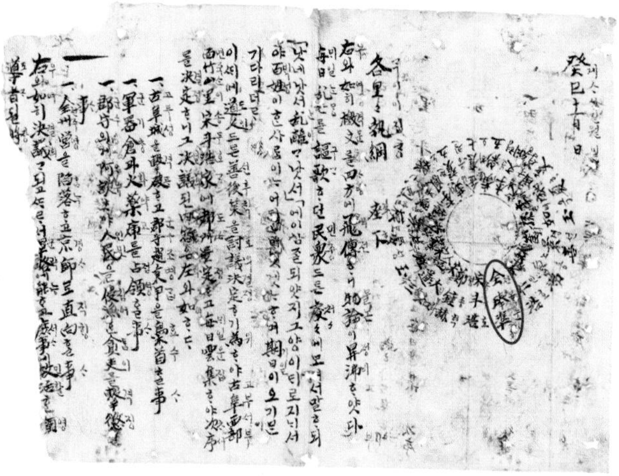

사발통문 봉기를 주도한 사람을 숨기기 위해 사발을 엎어 놓고 이름을 주위로 둥글게 적은 문서야. 전봉준 이름이 보이니?

"탐관오리를 없애서 백성을 구하자!"

농민군은 관아로 쳐들어갔어. 농민군이 밀려오자 관아를 지키던 군졸들은 도망쳤지. 농민군은 관아 창고에 쌓인 곡식을 백성에게 나눠 주고, 억울하게 옥에 갇힌 사람을 풀어 줬어.

농민 중에는 동학을 믿는 사람들이 많았어. 평등사상을 주장한 동학이 농민들에게 널리 퍼져 나갔거든. 전봉준도 동학을 믿었어. 그래서 전봉준을 중심으로 1894년에 일어난 농민 봉기를 '동학 농민 운동'이라고 한단다.

고부에서 농민 봉기가 일어났다는 소식을 들은 조정에서는 급하게 관리를 내려보냈어. 농민 봉기를 해결하려고 말이야. 그런데 내려온 관리는 농민들이 왜 봉기를 일으켰는지 제대로 살피지도 않고, 봉기를 일으킨 농민군만 잡아다 벌을 줬어. 그러니 백성들의 심정이 어땠겠니? 전봉준은 더 강한 농민군을 꾸렸지.

힘을 모은 동학 농민군은 여러 차례 관군을 무찔렀고 전주성을 차지하기도 했어. 그러자 조선 정부는 다시 청나라에 도움을 청했지. 동학 농민군을 막으려고 또 다른 나라에 손을 내민 거야.

장태 원래는 닭을 기르는 용도로 쓰였어.

동학 농민군은 변변한 무기도 없어서 낫, 호미 같은 농기구나 대나무로 만든 죽창을 주로 썼어. 그리고 대나무를 큰 항아리처럼 엮어 만든 뒤에 그 속에 짚을 가득 넣은 '장태'도 사용했지. 장태로 관군의 총알을 막고, 장태를 굴려 다가오는 적을 막기도 한 거야.

그런데 청나라 군대가 조선에 오자 일본도 조선에 있는 일본인을 보호한다면서 조선에 군대를 보냈어. 동학 농민군은 청나라와 일본의 군대가 조선에 있는 게 걱정되었어. 이들이 조선에서 전쟁을 일으키기라도 한다면 피해가 클 테니까. 그래서 나라에서 동학 농민군의 개혁안을 받아들인다면 스스로 물러나겠다고 했지.

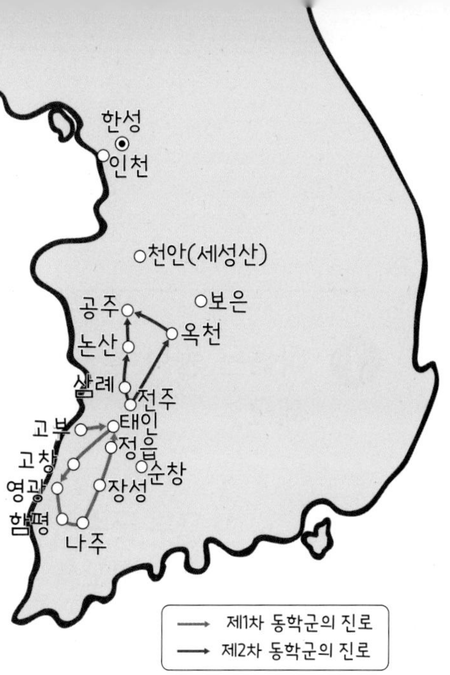

- **탐관오리와 못된 양반의 죄를 조사하여 벌한다.**
- **노비 문서를 없앤다.**
- **정해진 세금만 걷는다.**
- **일본을 따르고 돕는 자는 벌한다.**
- **토지는 평균으로 나누어 농사짓는다.**

동학 농민군은 마을마다 '집강소'를 설치하여 스스로 개혁해 나가겠다고 했어. 조선 정부도 동학 농민군의 요구를 받아들이기로 하면서 동학 농민군은 해산했지.

집강소 동학 농민 운동 때 마을마다 설치한 자치 기구

핵심 콕콕 역사 퀴즈

1 다음은 동학 농민 운동에 대한 설명입니다. 초성 힌트를 보고 알맞은 답을 써 보세요.

(1) 고부 군수 [ㅈ][ㅂ][ㄱ]이 세금을 마음대로 걷고 횡포를 부려서 일어났다. ______________

(2) [ㅈ][ㅂ][ㅈ]을 중심으로 농민들이 힘을 모아 일어났다. ______________

(3) 농민들은 [ㅌ][ㄱ][ㅇ][ㄹ]를 몰아내고 사회를 개혁하기 위해 봉기했다. ______________

(4) 농민 중에는 [ㄷ][ㅎ]을 믿는 사람이 많았다. ______________

2 동학 농민 운동에서 일어났던 사건의 순서대로 번호를 써 보세요.

- 조선 정부가 청나라에 도움을 청하자 청나라 군대가 조선에 들어왔다. (　　)
- 나라에서 관리를 내려보내 농민들을 잡아다 벌을 줬다. (2)
- 동학 농민군의 개혁안을 받아들이는 조건으로 스스로 해산했다. (　　)
- 조선에 있는 일본인을 보호하겠다는 구실로 일본 군대가 조선에 들어왔다. (5)
- 동학 농민군이 관군을 무찌르고 전주성을 차지했다. (　　)
- 고부 군수 조병갑의 횡포로 농민들이 들고 일어났다. (　　)

서술 · 논술 완벽 대비

1 다음은 동학 농민군이 요구한 개혁안의 일부입니다. 동학 농민군이 원하는 세상은 어떤 모습이었을지 생각해서 써 보세요.

- 탐관오리와 못된 양반의 죄를 조사하여 벌한다.
- 노비 문서를 없앤다.
- 정해진 세금만 걷는다.
- 일본을 따르고 돕는 자는 벌한다.
- 토지는 평균으로 나누어 농사짓는다.

2 전주성까지 차지했던 동학 농민군이 스스로 해산한 이유는 무엇이었는지 써 보세요.

갑오개혁과 청일 전쟁

동학 농민 운동이 진정되자 조선 조정은 청나라와 일본 군대에게 돌아가라고 했어. 하지만 일본은 오히려 경복궁으로 가서 고종을 위협하여 자기들이 원하는 대로 조선을 개혁하려 했지. 다른 나라의 간섭을 막으려고 스스로 물러났던 농민군은 이를 알고 가만히 있을 수 없었어. 동학 농민군은 다시 일어났지. 이번에는 일본을 내쫓기 위해 일어난 거야.

館 집 **관**
軍 군사 **군**
각 관과 역참에 속해 군역을 부담하던 군졸

동학 농민군은 온몸으로 관군과 일본군에 맞섰어. 하지만 기관총으로 무장한 일본군을 이기기는 어려운 일이었지. 결국 우금치에서 벌어진 전투에서 패하면서 동학 농민군은 무너지고 말았단다.

하지만 동학 농민군의 활약은 나라를 외세로부터 구하기 위한 우리 민족의 강한 의지를 보여 주는 일이었어. 자주적으로 부패한 관리를 뿌리 뽑고, 우리나라를 넘보는 일본에 맞서 싸운 정신을 높이 사야 마땅해. 나라를 지키기 위해 농민 한 사람 한 사람이 나서서 노력했으니까.

동학 농민 운동을 이끈 전봉준은 관군에게 잡혀서 결국에는 목숨을 잃고 말아. 전봉준은 나라와 백성을 구하기 위해 한 일이라며 당당한 모습으로 죽음을 맞았지. 몸집이 작아서 '녹두 장군'이라고 불리던 전봉준의 죽음을 슬퍼하며 사람들은 이런 노래를 불렀어.

새야 새야 파랑새야, 녹두밭에 앉지 마라.
녹두꽃이 떨어지면 청포 장수 울고 간다.

이후 녹두 장군 전봉준과 농민군이 주장했던 개혁안은 '갑오개혁'에 영향을 주어서 조선 사회에 변화를 일으켜. 갑오개혁은 갑신정변의 개혁안과 동학 농민 운동의 개혁안을 반영해 1894년부터 1896년까지 조선 조정이 추진한 개혁이야. 노비제와 과거제 폐지, 과부의 재혼 허용 등 다양한 분야에서 근대적 개혁을 추진했지.

한편, 동학 농민 운동을 막겠다며 조선에 들어온 청나라와 일본은 끝내 전쟁을 벌였어. 1894년 '청일 전쟁'이 일어난 거야. 1895년까지 이어진 청일 전쟁은 일본이 승리했어. 일본은 청나라 땅인 랴오둥반도(요동반도)를 차지하고, 조선에서 청나라 세력을 완전히 몰아내지.

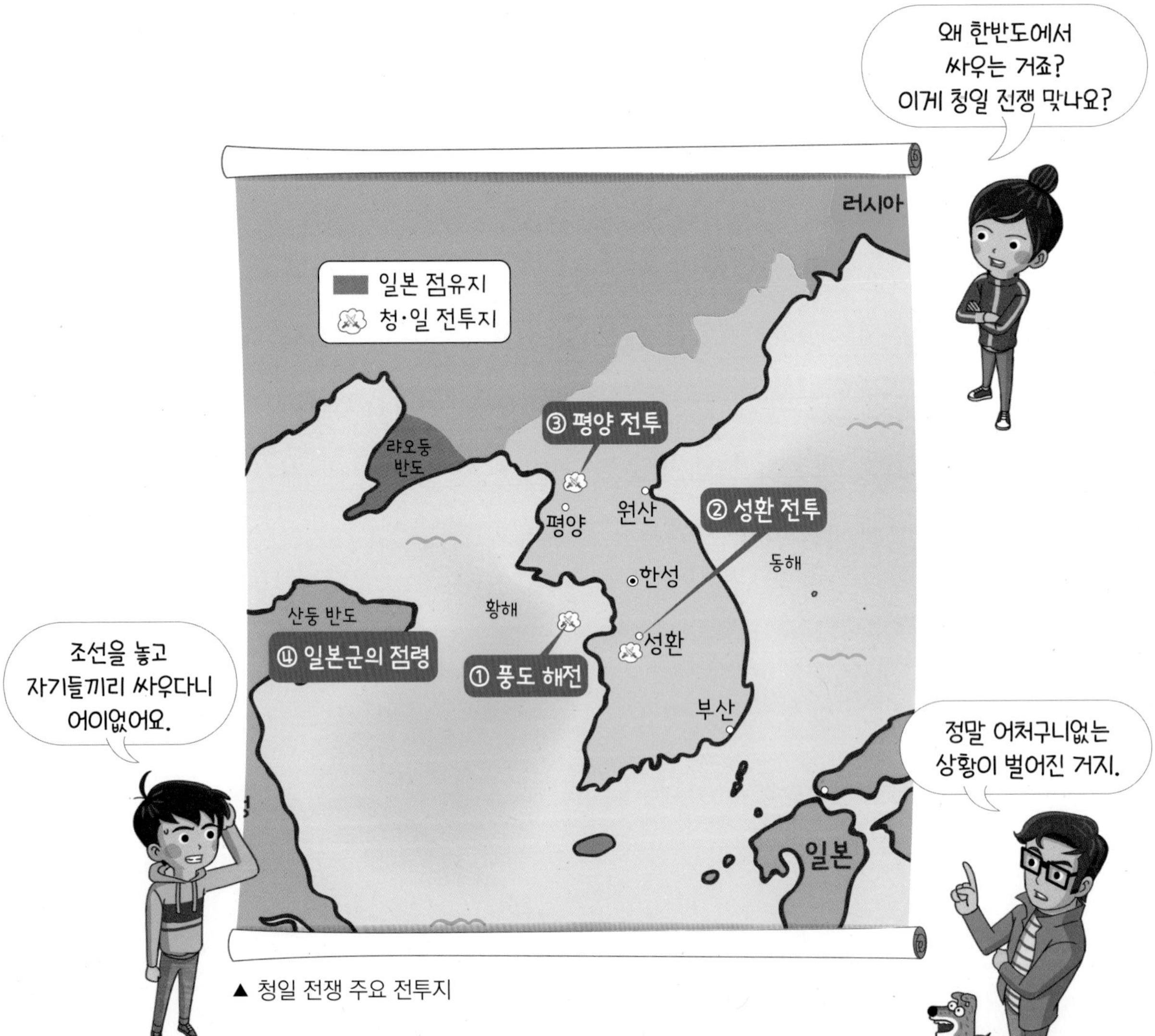

▲ 청일 전쟁 주요 전투지

청일 전쟁에 승리하면서 일본의 간섭은 더 심해졌어. 조선의 관리를 일본과 뜻을 같이하는 사람들로 바꾸고 갑오개혁도 일본에게 유리하게 바꿔 버리지. 이러한 배경에서 고종은 개혁 내용을 담은 '홍범 14조'를 발표한단다. 다음은 홍범 14조의 일부 내용이야.

• 청나라에 의지하지 않고 자주독립의 기초를 세운다.
• 왕실 일과 나랏일을 구분하고, 나랏일은 내각의 관리가 중심이 되어 처리한다.
• 조세는 법으로 정해 함부로 거두지 않는다.
• 민법과 형법을 제정하여 인민의 생명과 재산을 보호한다.
• 문벌을 가리지 않고 인재를 등용한다.

농민들의 주장을 받아들인 것은 좋았지만, 홍범 14조를 비롯한 갑오개혁은 조선의 진짜 문제점을 바꾸기에는 한계가 있었어.

농민들이 간절히 원한 것은 토지 제도의 개혁이었어. 동학 농민군의 개혁안에는 토지를 고르게 나누어 농사짓게 해 달라는 것이 있었잖아. 그런데 갑오개혁에는 토지제도에 관한 내용이 빠졌어. 갑오개혁은 국가가 나선 대대적인 개혁이었지만 농민들의 호응을 얻기에는 부족했지.

또 안타까운 것이 군사 제도를 개혁하지 않았다는 거야. 많은 제도를 개혁하면서 왜 군사 제도는 빠진 걸까? 그건 일본이 원치 않았기 때문이지. 군사 제도를 개혁해서 군사력을 키운다면 조선의 힘은 더 강해질 수 있으니 막았던 거야. 친일 세력이 중심이 되어 개혁을 이끌다 보니 생긴 문제점이었지.

핵심 콕콕 역사 퀴즈

● 다음 설명이 맞으면 ○표, 틀리면 ×표 해 보세요.

(1) 동학 농민군과 관군은 일본을 몰아내기 위해 싸웠다. ☐

(2) 동학 농민군이 주장했던 개혁안은 갑오개혁에 반영되었다. ☐

(3) 갑오개혁은 조선 정부가 자주적으로 진행했다. ☐

(4) 청나라와 일본이 조선에서 청일 전쟁을 벌였다. ☐

(5) 청일 전쟁에서 승리한 일본은 조선을 더 이상 간섭하지 않았다. ☐

(6) 청나라는 일본에 랴오둥반도를 내주었다. ☐

(7) 홍범 14조는 일본이 조선을 간섭하기 쉽게 조선의 제도를 바꾸는 내용이 있다. ☐

(8) 갑오개혁에는 토지 제도를 개혁하는 내용이 있다. ☐

(9) 홍범 14조에는 과거 제도를 시행하는 내용이 있다. ☐

(10) 갑오개혁은 농민들의 지지를 받았다. ☐

서술·논술 완벽 대비

1 다음은 갑오개혁에 참여했던 유길준의 글입니다. 갑오개혁이 무엇인지 쓰고 아쉬운 점도 써 보세요.

> "세계 각국이 정치 개혁을 추진한 모습을 보면 모두 국민 스스로의 힘으로 했고, 남의 힘으로 개혁을 하여 효과를 본 경우는 거의 없었다."
>
> "개혁을 스스로 해내지 못해 부끄럽다. 첫째, 모든 국민을 향하여 부끄럽다. 둘째, 세계 만국에 부끄럽다. 셋째, 후세 자손들에게 부끄럽다."

2 청일 전쟁 후 조선과 일본의 관계는 어떻게 변하게 될지 생각해서 써 보세요.

을미사변이 일어나다

당시 세계는 강한 나라가 다른 나라를 공격하고 식민지로 만드는 일이 빈번하게 일어났어. 강한 군사력과 경제력을 이용하여 다른 나라를 식민지로 만드는 나라를 '제국주의 국가'라고 하는데, 제국주의 국가들은 서로 싸우기도 하고, 힘을 모으기도 했어.

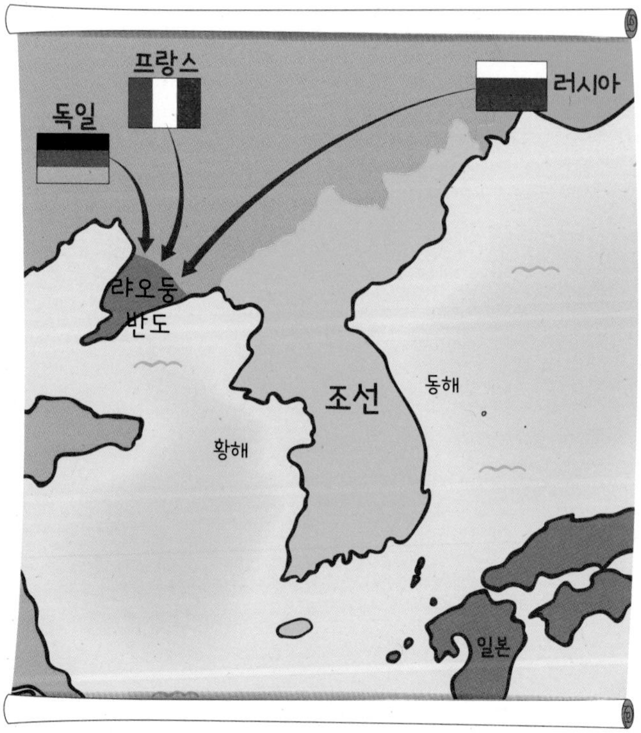

▲ 청일 전쟁에서 일본이 차지한 랴오둥반도를 독일, 프랑스, 러시아가 청나라에 돌려주라고 요구했어.

일본이 청일 전쟁의 승리로 랴오둥반도를 차지하자 러시아가 이것을 문제 삼고 나섰어. 일본이 랴오둥반도를 차지하면 러시아가 남쪽으로 진출하기 힘드니까 시비를 건 거지. 그런데 러시아 혼자서 문제를 삼으면 힘을 제대로 발휘하기 어려우니까 프랑스, 독일과 함께 나섰어. 세 나라가 함께 일본에게 랴오둥반도를 청나라에 돌려주라고 요구한 거야. 이것을 '삼국 간섭'이라고 해.

일본은 하는 수 없이 청나라에게 랴오둥 반도를 돌려주고 물러났어. 세 나라와 맞서 봐야 이득 될 게 없으니까.

삼국 간섭으로 랴오둥반도를 내놓는 일본을 보며, 고종과 명성황후는 러시아의 힘을 빌려 나라를 구해야겠다고 생각하지. 그래서 러시아 공사를 가까이하기 시작했어. 그 모습을 본 일본은 어땠을까? 랴오둥 반도를 내준 것도 속이 쓰린데 이러다가 조선에서 러시아 세력이 커질까 봐 조바심이 났겠지.

> 公 공변될 **공**
> 使 부릴 **사**
> 국가를 대표하여 파견되는 외교 사절

"조선이 러시아와 가까워지는 것을 막아야 합니다."

"보아 하니 조선의 왕비가 러시아와 가까이 지내자고 주장하는 것 같습니다."

"적극적으로 외교 문제에 관여하는 명성황후가 우리에게 큰 걸림돌입니다. 걸림돌!"

일본은 은밀하게 작전을 세웠어. 그들의 끔찍한 작전명은 '여우 사냥'이었지. 1895년 10월 8일 새벽, 일본 자객들이 무기를 들고 경복궁으로 쳐들어갔어. 왕이 사는 궁궐에 다른 나라 사람이 무기를 지닌 채로 들어간다는 건 있을 수 없는 일이었지만 그들은 멈추지 않았어. 일본 자객들은 명성황후를 찾으며 궁궐을 뛰어다녔어.

"왕비를 잡아서 죽여라!"

명성황후를 지키기 위해 궁녀와 내관들이 막아섰지만 미쳐 날뛰는 자객의 칼을 피할 수 없었어. 그날 새벽, 명성황후는 일본 자객의 손에 목숨을 잃고 말아. 일본은 명성황후를 죽이는 것도 모자라 시신까지 불태워 버렸어. 이건 정말 어마어마한 일이야. 역사적으로도 자객을 시켜 한 나라의 왕비를 죽이고 시신까지 불태우는 짓은 비난을 면치 못하지. 일본이 우리나라에 끔찍한 일을 저지른 거야.

사변 전쟁에까지 이르지는 않았으나 경찰의 힘으로는 막을 수 없어 무력을 사용하게 되는 난리

일본이 자객을 시켜 명성황후를 죽인 사건을 '을미사변'이라고 해. 을미사변이 널리 알려지자 우리나라 사람들은 물론 세계 여러 나라가 일본을 비난했어. 일본은 이 비난을 피하려고 을미사변을 저지른 사람들을 잡아다 재판을 했지만 증거가 충분하지 않다며 모두 풀어 주었어. 어차피 일본이 계획한 일이니 벌을 줄 리가 없었지.

명성황후의 장례 행렬이 그려진 사진 엽서 명성황후의 장례식은 미뤄지다가 1897년 11월 21일에 거행되었어.

그럼 우리나라가 잡아서 벌을 주면 되지 않느냐고? 그건 불가능했어. 강화도 조약 때 치외 법권을 인정했던 거 기억하니? 강화도 조약은 불평등한 조약이어서 우리나라에서 죄를 지어도 일본의 법으로 처벌받아야 했지. 그래서 우리나라 사람들을 괴롭히고도 벌을 받지 않는 일본인이 많았는데 을미사변 때도 마찬가지였어. 우리나라 왕비를 죽인 죄인을 우리 손으로 벌하지도 못한 거야.

핵심 콕콕 역사 퀴즈

1 삼국 간섭에 나섰던 나라를 모두 찾아 ○표 해 보세요.

(1) 러시아

(2) 미국

(3) 독일

(4) 프랑스

2 을미사변에 대한 설명이 틀린 것을 찾아 번호를 써 보세요. (   )

(1) 일본 자객이 명성황후를 죽인 사건이다.

(2) 조선에서 러시아의 영향력이 커지려는 것을 막기 위해 일본이 일으킨 사건이다.

(3) 조선은 러시아의 힘을 빌려 일본의 간섭을 벗어나려고 했다.

(4) 을미사변을 일으킨 자객들은 벌을 받았다.

서술 · 논술 완벽 대비

1 삼국 간섭이 일어난 이유는 무엇인지 써 보세요.

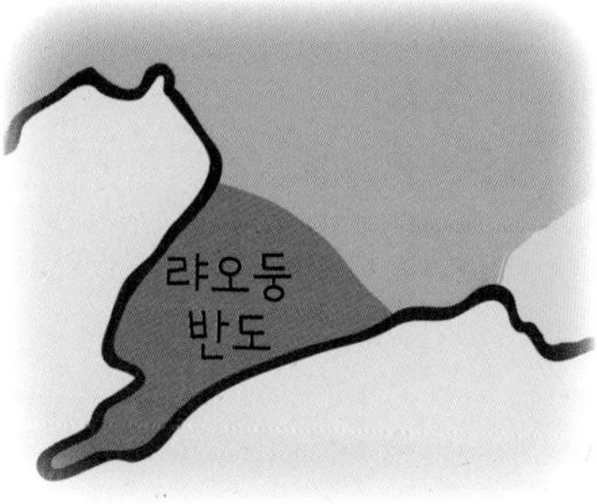

2 을미사변을 일으킨 사람들은 죄를 짓고도 벌을 받지 않았어요. 그 까닭이 무엇인지 써 보세요.

을미개혁과 독립협회

親 친할 **친**
日 날 **일**
일본과 친하게 지내며 그들의 침략 행위를 지지함

을미사변 이후 일본은 고종을 꼼짝 못 하게 하고 친일 세력을 이용해 더 강한 개혁에 나섰어. 이것을 '을미개혁'이라고 해. 1895년에 일어난 을미개혁은 조선을 근대 국가로 만들기 위해 개혁한다는 구실을 내세웠지만, 사실은 일본과 비슷한 사회를 만들려는 의도로 이루어진 거였어. 그래야 일본이 조선을 간섭하기가 더 쉬우니까. 우리 백성이일본의 속내를 모를 리 없었지.

"서울, 인천뿐 아니라 개성, 충주, 안동 등 지방까지 우편 제도가 실시된대요."

"일본이 우편 제도를 이용해서 우리나라 곳곳의 정보를 모으겠군."

"소학교령이 내려져서 서울에 소학교가 생긴대요."

"글을 가르쳐서 일본 관리나 상인을 돕는 데 써먹으려는 게지."

일본은 우리의 전통과 문화를 무시하는 개혁안도 마구 밀어붙였어.

"이제부터 음력은 쓰지 말고 서양 사람들이 쓰는 양력만 쓰라는군."

"아니, 하루아침에 달력을 달리 쓰면 헷갈려서 어찌 산단 말이오."

음력 달이 지구를 한 바퀴 도는 시간을 기준으로 만든 달력

양력 지구가 태양을 한 바퀴 도는 시간을 일 년으로 하는 달력

斷	끊을	**단**
髮	터럭	**발**
令	하여금	**령**

을미개혁 중 가장 반발이 컸던 건 '단발령'이었어.

"아이고, 꼴이 그게 뭐요?"

"단발령 때문에 상투가 잘렸다오. 흑흑!"

"그 꼴로 어찌 조상을 본단 말이요."

일본은 긴 머리는 관리하기가 힘들고, 위생적으로도 문제가 있으니 모두 서양식으로 머리를 짧게 자르라고 했어. 하지만 유교 사상이 강했던 당시 사람들에게 머리카락을 자르는 것은 부모에게 불효하는 것이나 마찬가지였지. 유교에서는 신체는 부모가 주신 것이니 잘 보존하는 것이 효의 기본이라고 여겼거든. 게다가 상투를 싹둑 자르는 것은 우리 민족의 정신을 잘라 내는 것이나 마찬가지라고 생각했어. 유학자였던 최익현도 목소리를 높였지.

"나의 목을 자를 수는 있어도 머리카락은 자를 수 없다!"

유생들과 백성들은 단발령에 반발하여 들고 일어섰어. 전국 곳곳에서 의병이 일어났지. 의병이 뭔지 기억하니? 임진왜란 때 우리나라를 침입한 일본을 막기 위해 백성이 스스로 나가 싸웠잖아. 이번에도 백성이 의병이 되어 친일 내각과 일본에 맞서 싸웠어. 을미사변과 단발령에 반발해서 일어난 '을미의병'은 일본군을 토벌하고 명성황후의 원수를 갚자고 주장했어.

최익현 조선 후기의 지식인으로 단발령에 반대했고 이후 1905년 을사늑약이 체결되자 의병을 일으켰어.

▲ 돈덕전에서 신하들과 함께 밖을 내다보고 있는 고종과 순종(오른쪽), 어린 영친왕(왼쪽)의 모습이야. 돈덕전은 덕수궁 안에 지은 서양식 건물이야.

한편, 을미사변을 겪은 고종은 일본을 피해 러시아 공사관으로 몸을 피했어. 이것을 '아관파천'이라고 해. 아관은 러시아 공사관을 뜻하고, 파천은 몸을 피한다는 뜻이지.

고종이 러시아의 보호를 받게 되자 조선에서 러시아의 영향력이 커졌어. 러시아는 광산 개발권과 산의 나무를 베어 갈 수 있는 권리 등을 얻으며 경제적인 이득을 취했지. 러시아를 보며 미국과 프랑스도 조선에서 돈을 벌려고 했어. 두 나라는 조선에 철도를 놓는 공사를 맡아 큰돈을 벌었지. 힘이 약한 나라들처럼 조선도 다른 나라에 좋은 먹잇감이 되고 있었던 거야.

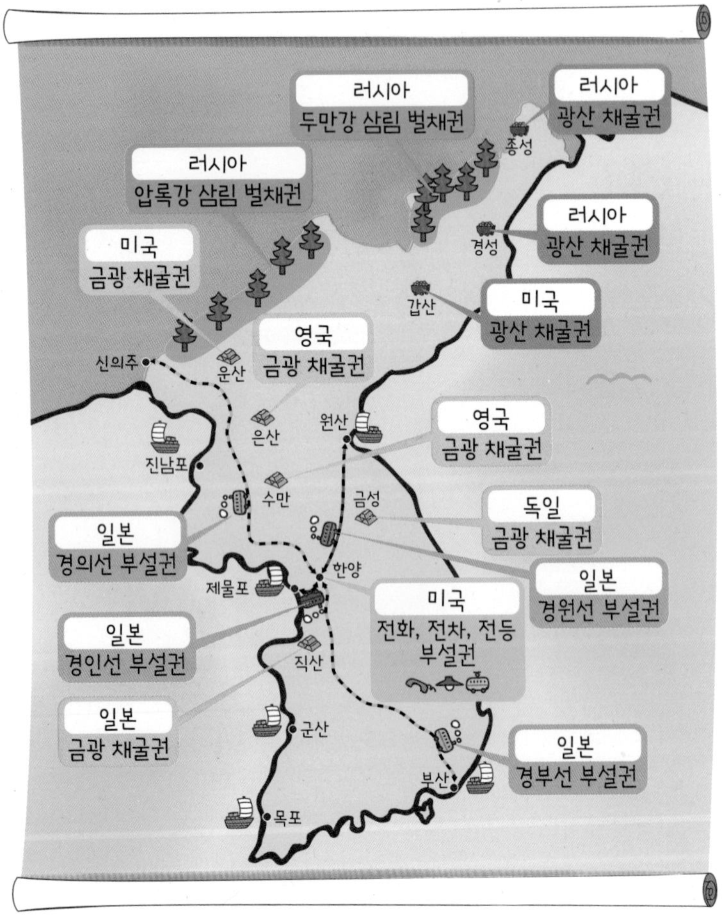

▲ 조선에서 각종 이권을 빼앗아 간 여러 나라들

하지만 외세의 억압에서 벗어나기 위해 자주독립 의식을 높이기 위한 노력도 있었어. 독립협회는 서재필, 윤치호, 이상재 등이 만든 단체야. 서재필은 독립협회에 앞서 최초의 한글 신문인 〈독립신문〉을 만들어서 나라 안팎에서 일어난 일을 알렸지. 신문 기사를 통해 무엇이 옳고, 그른지 판단할 수 있게 도운 거야.

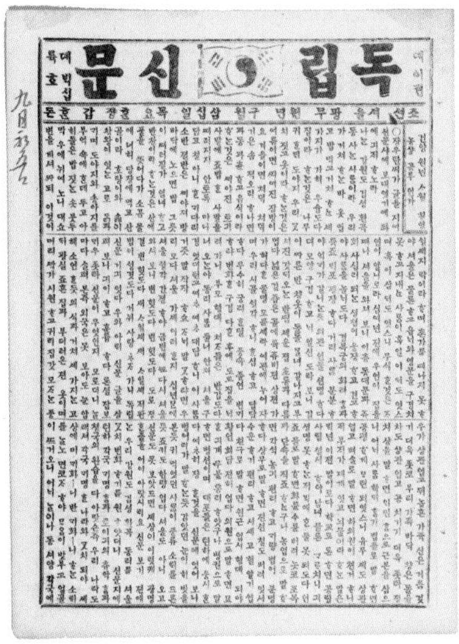
독립신문

〈독립신문〉 서재필, 윤치호 등이 창간한 우리나라 최초의 민간 신문으로 국문판과 영문판으로 구성되었어.

독립협회는 만민 공동회라는 대중 집회도 열었어. 만민 공동회가 열릴 때면 신분의 차이 없이 많은 사람이 모여 연설도 듣고, 자유로운 토론도 벌였어.

"조선의 왕이 러시아 공사관에 있는 것은 말이 안 됩니다. 고종 임금은 어서 궁궐로 돌아와야 합니다!"

독립협회는 〈독립신문〉과 만민 공동회를 통해 자주 의식을 높여 나라의 힘을 키우려고 노력했어. 그 결과 많은 국민이 나랏일에 관심을 기울였고, 독립협회의 요구와 여론에 따라 고종은 1897년 다시 궁궐로 돌아왔단다.

핵심 콕콕 역사 퀴즈

● 다음 설명이 맞으면 ○표, 틀리면 ×표에 색칠해 보세요.

(1) 을미사변 이후 친일 관리를 중심으로 을미개혁이 이뤄졌다. ○ ×

(2) 〈독립신문〉은 나라 안팎의 일을 알리기 위해 한문으로 쓰였다. ○ ×

(3) 을미사변과 단발령에 반발하여 을미의병이 일어났다. ○ ×

(4) 을미사변 이후 고종은 일본 대사관으로 몸을 피했다. ○ ×

(5) 독립협회는 국민의 자주독립 의식을 높이는 일을 했다. ○ ×

서술 · 논술 완벽 대비

1 고종이 러시아 공사관으로 거처를 옮긴 이유와 그 결과를 써 보세요.

2 다음 지도를 통해 알 수 있는 내용을 써 보세요.

대한 제국과 광무개혁

'제국'은 황제가 다스리는 나라를 말해. 조선이 대한 제국이 되었으니 고종은 이제 황제가 된 거야. 1897년, 환구단에서 고종의 황제 즉위식이 열렸어. 환구단은 하늘에 제사를 지내기 위해 만든 제단으로, 오직 황제만이 이곳에서 제사를 지낼 수 있었지. 대한 제국은 더 이상 중국을 큰 나라로 섬기지 않으며 일본의 간섭에서 벗어난 자주독립 국가임을 널리 알리기 위한 것이기도 했어.

고종은 대한 제국의 황제로서 의욕적으로 나랏일에 나섰어. 가장 먼저 한 일은 역시 세상의 변화에 발맞추기 위한 개혁이었지. 고종은 새롭게 정한 연호, '광무'를 따서 '광무개혁'을 추진했어.

환구단의 황궁우 이곳에 신패를 보관했어.

광무개혁의 기본 방침은 '구본신참(舊本新參)'이야. 옛것을 근본으로 하여 새로운 것을 참고한다는 뜻이지. 그러니까 나라의 틀은 지키고 새로운 기술과 문명은 받아들이겠다는 의미야.

대한 제국에는 회사와 공장, 은행이 생겨났어. 그리고 좁은 길을 넓히고, 전신주를 세워 전깃불을 밝혔지. 어두운 밤, 경복궁을 훤히 밝히는 전등은 새로운 세상을 알리는 빛 같았어. 거리에는 전차가 지나다녔고, 서울과 인천을 오가는 철도도 개통되었지. 학교도 많아졌어. 상공업을 발전시켜 잘 사는 나라로 만들려고 기술과 경영을 가르치는 실업 학교가 생겼단다.

전신주 전선이나 통신선을 늘여 매기 위해 세운 기둥으로 전봇대를 말해.

▲ 1902년, 대한 제국의 한성을 달렸던 전차야. 전차는 공중에 설치한 전선으로부터 전력을 공급받아 땅에 설치된 궤도 위를 다니는 차야.

의회 정치 국민을 대표하는 의원으로 이루어진 의회가 나랏일을 하는 정치

고종이 대한 제국을 선포하고 황제가 된 이유는 강한 권한을 가지고 나랏일을 주도적으로 펼치기 위함이었어. 그래서 황실의 재정을 따로 분리해서 관리했지. 그러면서 황실 살림뿐 아니라 세금 관리와 광산, 철도, 인삼 사업 등을 황실에서 맡았어.

그런데 황실이 이러한 권한을 갖는 것은 이전에 해 온 개혁과는 반대되는 일이었어. 그동안은 왕실의 일과 나랏일을 분리하는 방향으로 개혁을 진행했었거든. 특히 독립협회에서는 국민의 의견을 정치에 반영하는 의회 정치를 주장했는데, 고종은 이것을 받아들이지 않았어. 고종과 독립협회 사이에 갈등은 커졌고, 급기야 고종은 자기 뜻과 다른 주장을 하는 독립협회를 없애 버렸지.

독립협회가 해산되자 사람들이 모여 토론하던 만민 공동회도 사라졌어. 만민 공동회를 통해 국민이 의견을 모으고, 그 의견이 나랏일에 반영되었는데 그 과정들이 모두 사라진 거야. 황제 중심 정치로 바뀌면서 국민이 소외되자 나랏일에 대한 국민의 관심도 시들해졌지.

독립문 자주독립과 자강 의지를 담아 독립협회의 주도로 세운 문이야. 중국 사신을 맞아들이던 영은문을 헐고 그 자리에 세웠어. 서재필의 구상에 따라 프랑스 개선문을 본떠 만들었지. 1979년 지금의 서대문구로 이전했어.

한편, 강대국들은 강한 군사력과 경제력을 바탕으로 다른 나라를 침략해서 식민지로 만들었어. 남의 나라 광산에서 금을 캐고, 남의 나라 바다에서 물고기를 잡고, 남의 나라 산에서 나무를 베는 등 돈벌이가 되는 일들을 차지했던 거야.

식민지 다른 나라에 주권을 빼앗긴 나라

대한 제국의 정치가들이 다른 나라에 의존하는 모습을 보이자 일본, 러시아, 미국, 프랑스 등은 앞다투어 이권 다툼을 했어. 특히 일본은 우리나라에 철도를 놓는 공사에 열을 냈지. 철도 공사를 하면서 돈을 버는 것은 물론이고, 나중에 철도를 이용해서 편하게 우리나라를 침략하려는 속셈이었던 거야.

이권 이익을 얻을 수 있는 권리

개혁을 한다고 병원을 짓고, 철도를 놓고, 학교를 세우는 데 돈이 들수록 국민의 부담은 커져만 갔어. 그리고 다른 나라에서 싸고 좋은 물건이 많이 들어오면서 경제를 일으키려고 세운 회사와 공장은 어려워졌지. 우리나라에서 싼값에 원료를 사 가고 그 원료로 물건을 만들어 비싼 값에 되파는 일이 반복되면서 우리나라의 경제는 점점 더 어려워져만 갔단다.

원료 물건을 만드는 재료

핵심 콕콕 역사 퀴즈

● 대한 제국을 선포한 고종이 한 일에 대한 설명으로 맞는 것에 ○표 해 보세요.

(1) 만민 공동회를 열어 국민의 의견을 모았다. ( )

(2) 전신주를 세워 전깃불을 밝히고 거리에는 전차가 다니도록 했다. ( )

(3) 환구단에서 황제 즉위식을 했다. ( )

(4) 독립협회의 의견을 반영해서 의회 정치를 했다. ( )

(5) 황실에서 광산, 철도, 인삼 사업 등을 관리했다. ( )

(6) 학교를 세우고 병원을 짓고 철도를 놓았다. ( )

서술·논술 완벽 대비

1 고종이 대한 제국을 선포한 이유는 무엇일까요? 고종의 입장이 되어 써 보세요.

2 독립협회를 해산한 고종의 행동을 어떻게 생각하나요? 독립협회의 역할을 생각해서 써 보세요.

미루의

한눈에 쏙 마인드맵

동학 농민 운동 (1894년)

- 1차
  - 배경
    - 원인: 고부 군수 조병갑의 횡포 · 세금↑
    - 결과: 전봉준 + 농민들 봉기
    - 조정의 대응: 농민군 벌줌
  - 농민 봉기 1894년 3월 (봉기)
    - 왜: 탐관오리 OUT + 폐정 개혁
    - 과정: 관군 ⚔ 농민군 (전주성!)
    - 조정의 대응: 청나라에 도움 요청 (청, 일)
  - 결과
    - 해산: 농민군 스스로
    - 개혁안 수용: 집강소 설치, 폐정 개혁
- 2차
  - 배경
    - 일본이: 조선 간섭
  - 농민 봉기 1894년 9월
    - 왜: 외세를 막으려고
    - 과정: 관군 + 일본군 ⚔ 농민군 (패, 우금치)
    - 결과: 전봉준 처형
- 의의
  - 자주적: 반봉건 · 반외세 운동
  - 영향: 갑오개혁 (1894~1896년)
    - 성격: 조선 조정이 추진한 개혁
    - 왜: 근대적 개혁을 위해
    - 내용: 노비제 폐지, 과거제 폐지, 과부 재혼 허용
    - 한계: 일본의 간섭 ← 승리 ← 청일전쟁 (1894년)

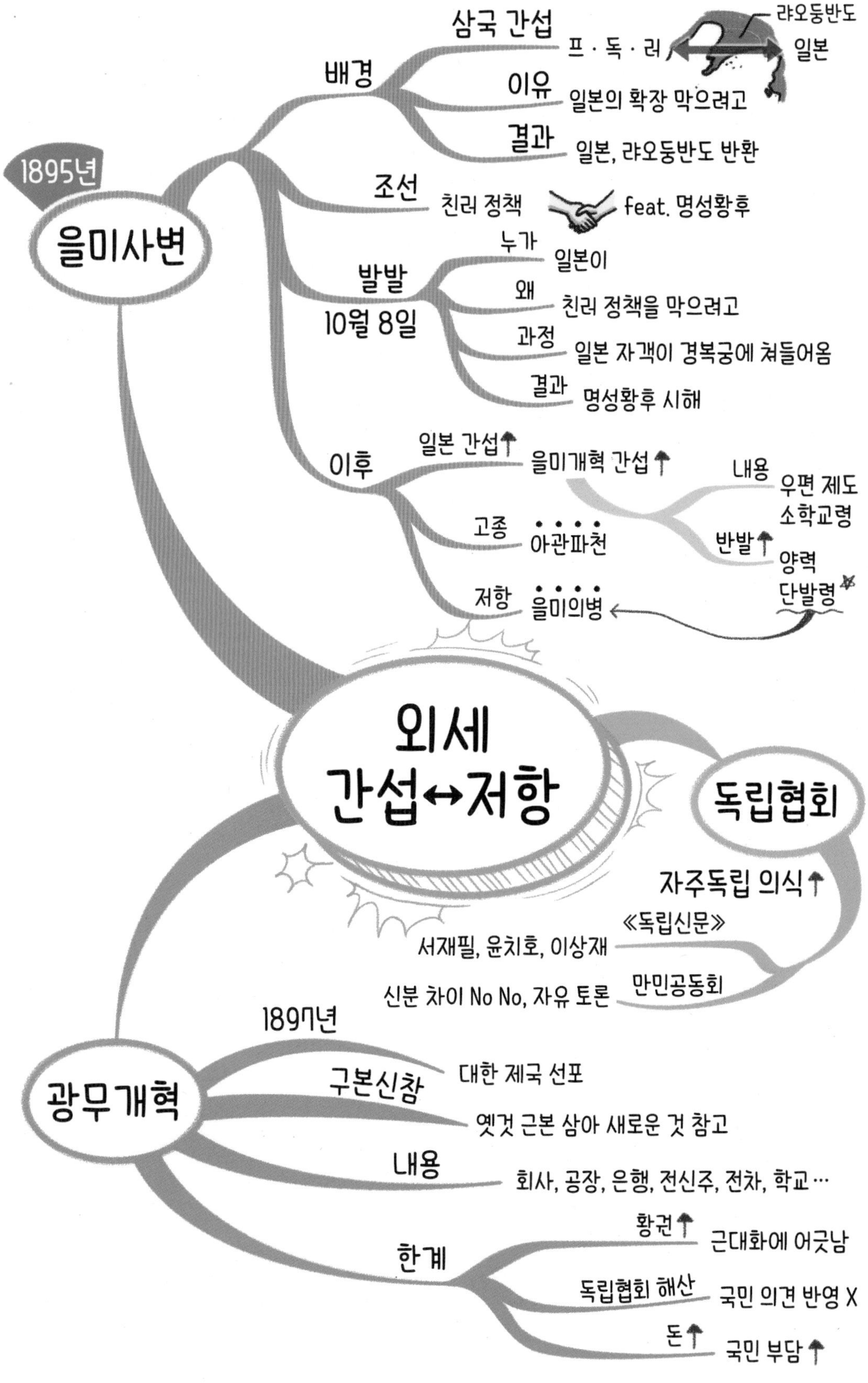

외세 간섭↔저항
1895년
을미사변
배경
삼국 간섭
프 · 독 · 러
랴오둥반도
일본
이유
일본의 확장 막으려고
결과
일본, 랴오둥반도 반환
조선
친러 정책
feat. 명성황후
발발
10월 8일
누가
일본이
왜
친러 정책을 막으려고
과정
일본 자객이 경복궁에 쳐들어옴
결과
명성황후 시해
이후
일본 간섭↑
을미개혁 간섭↑
내용
우편 제도
소학교령
반발↑
양력
단발령
고종
아관파천
저항
을미의병
독립협회
자주독립 의식↑
《독립신문》
서재필, 윤치호, 이상재
만민공동회
신분 차이 No No, 자유 토론
광무개혁
1897년
대한 제국 선포
구본신참
옛것 근본 삼아 새로운 것 참고
내용
회사, 공장, 은행, 전신주, 전차, 학교…
한계
황권↑
근대화에 어긋남
독립협회 해산
국민 의견 반영 X
돈↑
국민 부담↑

은파의 실전 대비 수행 평가

동학 농민군은 개혁안을 내놓고 조선의 문제점을 바꾸려고 했어요. 조선을 개혁하려면 무엇을 어떻게 바꾸어야 할까요? 자신의 생각을 정리하여 개혁안을 써 보세요.

• 근대 사회로 가기 위한 조선의 개혁 방향 •

❶

❷

❸

❹

❺

다음 사건 중에서 하나를 골라 발표 자료를 만들어 보세요.

동학 농민 운동　　청일 전쟁　　을미사변

사건 소개

주요 인물

관련 사진 및 자료

결과 및 의미

더 알고 싶은 것

MEMO

진짜진짜

한국사 교과서 논술

4권

조선 후기~대한 제국

정답 및 해설

1주 1일

핵심 콕콕 역사 퀴즈 16쪽

○ (1) 상평통보 (2) 백두산정계비 (3) 대동법

○ (1) 숙종 때 발행된 상평통보는 이전 화폐와 달리 전국적으로 사용되었어요.

(2) 숙종은 외적의 침입을 막기 위해 산성과 군사 제도를 정비했어요. 이런 과정에서 청나라와 협의하여 백두산정계비를 세워 국경선으로 삼았지요.

(3) 광해군 때 처음 실시된 대동법은 약 100년이 지난 뒤인 숙종 때에 전국적으로 실시되었어요. 대동법은 지방마다 특산물로 내던 세금을 쌀로 내게 하고, 토지에 따라 세금을 물어서 토지를 많이 가진 사람이 세금을 많이 내도록 했지요.

서술·논술 완벽 대비 17쪽

❶ 대동법은 지역의 특산물로 내던 세금을 쌀로 내도록 한 법이에요. 세금의 양은 토지에 따라 달리했지요. 그러니 토지가 많은 양반은 세금이 늘고, 토지가 적은 백성은 세금이 줄었지요. 그래서 양반들은 대동법을 반기지 않았어요. 광해군 때 대동법이 만들어졌지만 양반들의 반대로 일부 지역에만 시행되었어요. 하지만 김육을 비롯한 일부 관리들이 끊임없이 대동법 시행을 주장하여 점차 시행 지역을 넓혔습니다. 그리고 왕권을 강화했던 숙종이 양반들의 반발을 물리치면서 대동법이 전국적으로 시행되었답니다.

❷ 환국이란 한 무리의 붕당이 모두 사라지고 다른 붕당이 권력을 차지하는 것을 말해요. 조금이라도 잘못하면 붕당이 몰락할 수 있기 때문에 더 조심하는 것은 좋겠지만 왕의 눈치만 살피고 소신껏 일하지 못하는 것은 큰 문제가 될 거예요. 그리고 환국으로 일 잘하던 관리까지 모두 쫓아내는 것은 나라에는 큰 손해이지요.

1주 2일

핵심 콕콕 역사 퀴즈 22쪽

❶ (4)
❷ 균역법
❸ 청계천 준천 사업

❶ 영조는 붕당으로 나뉘어 다투는 것을 막기 위해 탕평책을 썼지만 붕당 정치를 완전히 뿌리 뽑지는 못했어요. 붕당 간의 갈등은 훗날 사도세자가 죽음에 이르는 원인 중 하나지요.

❷ 균역법은 2필씩 내던 군포를 1필로 줄인 것으로 백성들의 세금 부담을 줄여 주었어요.

❸ 청계천 준천 사업이란 청계천 바닥에 쌓인 흙을 파내고 둑을 쌓는 일이에요. 이렇게 하면 비가 많이 와서 홍수가 날 때 물이 넘치는 것을 막을 수 있어요. 영조는 준천 사업에 참여한 백성에게 품삯을 주어 백성들의 일자리까지 마련해 주었지요.

서술·논술 완벽 대비 23쪽

❶ 균역법은 백성들의 세금을 줄여 준 법입니다. 청계천 준천 사업은 홍수 피해를 막기 위해 벌인 일이었고요. 삼심제는 억울한 판결이 없도록 막기 위해 실시한 제도입니다. 그리고 백성들에게 가혹한 형벌을 내리지 않기 위해 잔혹한 형벌을 없앴습니다. 이런 일을 종합해 볼 때 영조 때 실시한 균역법과 청계천 준천 사업, 삼심제, 잔혹한 형벌 폐지는 모두 백성들이 더 살기 좋은 세상을 만들기 위한 것임을 알 수 있습니다.

❷ 균역법은 군포를 2필씩 내던 것을 1포로 줄인 법이에요. 그리고 대동법은 특산물로 내던 세금을 쌀로 내게 한 법이에요. 땅을 많이 가진 사람은 많이 내고, 적게 가진 사람은 적게 냈지요. 그래서 양반의 세금은 늘고, 백성들의 세금은 줄었어요. 균역법과 대동법으로 인해 백성들의 세금 부담이 모두 줄어든 것을 알 수 있어요. 세금이 줄었으니 생활은 더 안정되고 살기 좋아졌을 거예요.

1주 3일

핵심 콕콕 역사 퀴즈 28쪽

❶ (1) 규장각-㉡ (2) 수원 화성-㉠ (3) 장용영-㉢
❷ (3)

❶ (1) 규장각은 원래 왕실 도서관 같은 곳이었으나 실력 있는 인재를 뽑아 학문을 연구하게 하여 정조에게 필요한 개혁 세력을 키웠지요.
(2) 정조는 수원 화성을 건설하여 개혁 정치를 펼칠 새로운 공간을 마련하려고 했어요.
(3) 장용영은 정조 때 만들어진 부대로 왕을 호위하고 지키는 역할을 했지만 사실은 정조의 개혁 정치에 필요한 군사력을 키운 셈이었지요.

❷ 화성 행차는 왕이 수많은 신하를 이끌고 화성으로 가는 국가적으로 큰 행사였어요. 백성들은 화성 행차를 구경하기 위해 몰려들곤 했지요.

서술·논술 완벽 대비 29쪽

❶ 왕실 도서관 기능을 했던 규장각을 정조는 학문을 연구하는 기관으로 만들었어요. 규장각의 학자들은 신분에 얽매이지 않고 뽑았지요. 그 결과, 실력 있는 젊은 인재를 새롭게 키울 수 있었어요. 또 새로운 인재가 나라의 중심 세력으로 성장하자 기존에 있던 붕당 세력의 힘이 약해졌지요.

❷ 한양은 오랫동안 붕당 정치를 펼쳐 온 세력들이 가득한 곳이었어요. 정조는 수원으로 가면 이들에게서 벗어나 자유롭게 개혁 정치를 펼칠 수 있을 거라고 생각했지요. 그래서 수원 화성을 짓고, 저수지를 만들어 농사짓기 편하게 하고, 경제 활동도 장려하며 백성들을 이주시켜 살게 했어요. 신도시를 완성한 거예요. 이로써 수원은 한양 못지않은 정치와 경제, 군사 기능까지 갖춘 도시가 되었지요.

1주 4일

핵심 콕콕 역사 퀴즈 34쪽

❶ (1) 2년 6개월 (2) 정약용 (3) 거중기
(4) 《화성성역의궤》 (5) 품삯 (6) 벽돌
❷ (1) 화홍문 (2) 서북공심돈

❶ 2년 6개월만에 완성된 수원 화성은 정약용의 주도로 완성되었어요. 정약용은 수원 화성 완성 과정을 《화성성역의궤》에 꼼꼼히 기록했습니다. 거중기와 녹로를 만들어 무거운 돌을 들어 올리거나 옮겼고, 벽돌을 만들어 더 빨리 성을 쌓을 수 있었지요. 《화성성역의궤》에는 공사에 참여한 사람들의 품삯까지 기록되어 있답니다.

❷ 본문에 나오는 수원 화성 전개도를 살펴서 문제를 풀어 보세요. 공심돈이란 성에서 삐죽 튀어나온 부분으로 적의 동태를 살피고, 공격도 가능했던 곳이랍니다.

서술·논술 완벽 대비 35쪽

❶ 《화성성역의궤》에는 화성을 만든 과정, 만들 때 사용한 기계, 화성을 지은 기술자와 인부의 품삯까지 기록되어 있어요. 이것은 다음에 성을 지을 때 좋은 참고 자료가 될 거예요. 또 후대에 기록으로 남길 수 있어서 역사를 이해하는 좋은 자료가 되지요.

❷ 정약용은 한강에 배다리를 만들게 했어요. 배다리는 여러 척의 배를 연결하여 만든 다리입니다.

1주 5일

핵심 콕콕 역사 퀴즈 40쪽

❶ (1) 모내기법 (2) 골뿌림법 (3) 모내기법
(4) 골뿌림법 (5) 모내기법 (6) 골뿌림법

❷ 의주-(4), 개성-(1), 한양-(2), 동래-(3)

❶ 조선 후기에는 새로운 농사 기술인 모내기법과 골뿌림법이 보급되어 수확량이 늘었어요. 모내기법은 물이 많이 필요하다는 단점 때문에 쓰이지 않았지만, 저수지를 만들어 문제를 해결하고, 잘 자란 모를 논에 심어 수확량을 늘렸지요. 또 모내기를 하면 추수한 뒤, 비어 있는 땅에 보리를 심을 수 있어서 더 많은 곡식을 얻을 수 있었어요.
골뿌림법은 땅에 골을 파서 씨를 뿌리는 농사법으로 씨가 얼지 않고 안전하게 잘 자라게 하는 농사법이지요.

❷ 금난전권이 폐지되면서 난전의 활약이 활발해졌어요. 그러면서 각 지방마다 지역을 대표하는 상인들이 등장했지요. 한양에는 경강상인, 의주에는 만상, 개성에는 송상, 동래에는 내상이 있었지요.

서술·논술 완벽 대비 41쪽

❶ 금난전권의 폐지는 상공업의 발달을 가져왔어요. 금난전권 폐지로 시전뿐 아니라 난전이 자유롭게 장사할 수 있게 되어 상업이 발달한 것이지요. 상업이 발달하자 자연스럽게 공업의 발달도 이루어졌어요. 사고팔 물건을 만드는 것이 중요해졌기 때문이지요.
모내기법이 널리 보급되면서 농작물의 수확이 늘었어요. 수확량이 늘자 백성들의 생활에 여유가 생겼고, 남은 곡식은 내다 팔면서 활발한 경제 활동이 이뤄졌답니다.

❷ 시장은 물건을 사고팔고, 그래서 많은 사람이 모이는 곳입니다. 이런 시장의 특징을 생각해서 글을 써 보세요.
시장에서 필요한 물건을 사고, 자기가 쓰고 남는 물건은 팔아 돈을 벌 수 있었어요. 그리고 많은 사람이 모이다 보니 다양한 세상 소식을 전해 듣는 장소가 되었을 겁니다.

2주 1일

핵심 콕콕 역사 퀴즈 52쪽

○ (1) 정약용 (2) 박지원 (3) 홍대용 (4) 유형원
(5) 이익 (6) 박제가

○ (1) 정약용의 정전제를 설명한 것입니다.
(2) 박지원은 청나라 사신을 따라 청나라에 다녀온 이야기를 《열하일기》에 남겼어요.
(3) 홍대용은 과학에 관심이 많은 학자였습니다. 과학 기술이 생활을 편리하게 해 준다고 생각했지요.
(4) 농촌 문제를 연구한 유형원은 신분에 따라 차이는 있지만 고르게 토지를 나눠 주는 균전론를 주장했습니다.
(5) 이익이 주장한 토지 제도는 한전론이었어요.
(6) 박제가는 경제를 퍼내서 쓸수록 물이 고이는 우물물에 비유하여 소비 활동을 장려했어요.

서술·논술 완벽 대비 53쪽

❶ 조선 후기 실학자들은 실생활에 필요한 것이 무엇일지 고민했습니다. 백성들이 잘 살기 위해서는 토지 제도를 바꿔야 한다는 주장과 상공업을 발달시켜야 한다는 주장이 나왔어요. 이러한 주장을 바탕으로 조선 후기에 필요한 변화나 개혁은 무엇인지 고민해 보고 구체적인 방법을 제시해 보는 글을 써 보세요.

❷ 박제가의 우물론은 퍼 쓸수록 물이 고이는 우물처럼 소비가 늘어야 상공업도 발달한다는 주장입니다. 소비를 늘릴 때 좋은 점과 나쁜 점을 모두 고민하여 자신의 주장을 펼쳐 보세요.

2주 2일

핵심 콕콕 역사 퀴즈 58쪽

○ (1) 판소리-㉡ (2) 한글 소설-㉠
(3) 탈놀이-㉢

○ (1) 조선 후기는 서민 문화가 발달하는 시기였습니다. 대표적인 서민 문화는 판소리, 한글 소설, 탈놀이 등이었는데요. 판소리는 판소리 소설로 이어져 많은 사람이 즐기는 문화가 되었지요.

(2) 한글 소설은 한문으로 쓰이지 않아 서민들이 쉽게 읽을 수 있어서 인기가 높았습니다. 최초의 한글 소설은 허균이 쓴 《홍길동전》입니다.

(3) 탈을 쓰고 춤과 연기를 펼치는 탈놀이는 시대 상황을 비판하고, 양반의 잘못된 행동을 조롱하여 서민들에게 큰 인기였습니다.

서술·논술 완벽 대비 59쪽

❶ (1) 공명첩은 이름을 적지 않은 관직 임명장입니다.

(2) 전쟁 이후 나라 살림이 어려워지자 공명첩을 팔아 돈을 마련했어요.

(3) 공명첩을 사서 양반이 되는 사람이 늘자, 상민이 줄고 양반의 수가 늘어났어요. 그러자 세금을 내는 사람이 줄어 나라 살림은 더 나빠졌지요.

❷ 그래프에서 양반의 수와 상민의 수, 노비의 수가 어떻게 변화하는지 살펴보세요. 특히 눈에 띄는 것은 철종 때에 와서 양반의 수가 크게 늘고, 상민의 수가 줄어든 것인데요. 조선의 신분제도가 크게 흔들리는 것을 알 수 있습니다.

2주 3일

핵심 콕콕 역사 퀴즈 64쪽

○ (1) ㉢-김정호, 〈대동여지도〉 (2) ㉡-김홍도
(3) ㉠-정선

○ 조선 후기에 들어서며 우리 것에 대한 관심이 높아졌어요. 김정호는 우리나라 지리를 정확하게 담은 지도인 〈대동여지도〉를 완성했고, 정선은 중국 화풍에서 벗어나 우리나라 자연을 있는 그대로 그리는 '진경산수화'를 그렸어요. 김홍도는 조선 백성들의 생활 모습을 생생하게 담은 풍속화를 남겼답니다.

서술·논술 완벽 대비 65쪽

❶ 정확한 지도가 있으면 사람들이 생활할 때나 나라를 다스리는 데 큰 도움이 되리라 생각했을 것입니다. 지도를 보고 쉽게 길을 찾아갈 수 있고, 직접 가지 않아도 지도에 표시된 거리를 보며 얼마나 멀고 가까운지도 알 수 있지요. 국가에서는 이런 정보를 가지고 다른 나라의 침입에 대비하고, 침입을 막아낼 수 있어요. 지도가 군사적으로 중요한 것이지요. 세금을 걷을 때도 지도는 유용합니다. 평야 지역은 곡식이 많이 나니 세금을 더 걷고, 산지에서는 농사를 지을 수 없으니 세금을 덜 걷는 식으로 말이에요. 이런 내용을 이해하여 글을 써 보세요.

❷ 〈혼일강리역대국도지도〉는 지도 한가운데 중국이 아주 커다랗게 표시되어 있습니다. 이것은 세상의 중심을 중국으로 여겼기 때문이지요. 하지만 〈곤여만국전도〉는 지구의 모습이 둥글게 표시되어 있습니다. 그러니 어느 한 지역이 세상의 중심이라고 할 수 없는 것이지요. 지도 모양의 변화를 통해 어느 한 나라가 세상의 중심이 될 수 없다는 생각을 갖게 되었다는 걸 알 수 있지요.

2주 4일

핵심 콕콕 역사 퀴즈 70쪽

❶ (2)
❷ 임술 농민 봉기

❶ 정조가 갑자기 죽자 이후 60여 년간 조선에는 세도 정치가 이어졌어요. 세도 정치는 왕이 아니라 왕실의 일가친척이나 특정한 가문이 권력을 쥐고 마음대로 정치하는 것을 뜻해요.

❷ 홍경래의 난 이후 농민들은 힘을 모으면 잘못된 일을 바로잡을 수 있다는 생각을 하게 되지요. 이후 1862년 임술년 전국적으로 농민 봉기가 일어나요. 세도 정치 속에서 부패한 관리들이 늘어나면서 농민들이 이들을 몰아내기 위해서 힘을 모은 것이지요.

서술·논술 완벽 대비 71쪽

❶ 특정 가문이 권력을 독차지하는 세도 정치가 이어지면서 조선에는 탐관오리가 넘쳐났어요. 세도 정치 집안에서 관직을 돈을 주고 팔자 관리가 되기 위해서는 많은 돈이 필요했지요. 이렇게 돈을 주고 관리가 된 사람은 그 돈을 백성들에게서 받아 내려고 세금을 걷었어요. 관리로서 할 일은 제대로 하지 않고 오직 재물만을 탐하는 탐관오리 때문에 늘어나는 세금을 내느라 조선 백성들의 삶은 나날이 어려워졌답니다.

❷ 지도가 나타내는 것은 홍경래의 난입니다. 홍경래의 난은 평안도 사람들에 대한 차별과 탐관오리의 횡포로 일어난 사건이었습니다.

2주 5일

핵심 콕콕 역사 퀴즈 76쪽

O (1)–(2)–(5)–(4)–(7)–(8)

O 천주교는 처음에는 학문으로 전해져 서학이라고 불렸어요. 이후 종교로 자리잡아 이승훈이 우리나라 최초로 천주교 세례를 받았지요.
동학의 창시자는 최제우이고, 기본 사상은 인내천이었어요. 서학과 동학 모두 사람은 평등하다고 주장하여 백성들의 환영을 받았지만 국가에서는 탄압을 받았답니다.

서술·논술 완벽 대비 77쪽

❶ 천주교에서는 모든 사람은 신 앞에서 평등하다고 했어요. 이것은 신분 질서를 강조하는 조선 시대와 대립되는 생각이었어요. 또 천주교에서는 오직 하나님만 신으로 섬기라고 했는데 조상을 신처럼 섬기는 유교와 대립되는 생각이었지요. 이러한 배경을 바탕으로 천주교를 탄압한 이유를 써 보세요.

❷ 동학과 서학은 모든 인간은 평등하다는 공통된 생각을 가지고 있었어요. 그래서 모두 국가로부터 탄압받았지요. 하지만 다른 점도 있어요. 서학은 하느님만을 유일한 신으로 섬겨야 하므로 조상을 섬기는 제사를 반대했지만 동학은 우리의 전통을 더 잘 지켜나가자고 주장했답니다.

3주 1일

핵심 콕콕 역사 퀴즈 88쪽

⭘ (1) ㉡ (2) ㉤ (3) ㉣ (4) ㉠ (5) ㉢

⭘ 흥선 대원군은 왕실의 권위를 세우고, 왕의 권한 강화를 위해 의정부의 기능을 강화했으며, 전쟁으로 불탄 경복궁을 다시 지었어요. 하지만 이때 발행한 당백전으로 물가가 오른 것은 큰 문제였지요.
또한 흥선 대원군은 조선의 세금 문제를 개편했어요. 백성들을 힘들게 했던 환곡을 없애고, 사창제를 실시했으며, 양반에게도 군포를 걷는 호포제를 새로 실시했어요.

서술·논술 완벽 대비 89쪽

❶ 당시 조선은 서원을 중심으로 정치 세력인 붕당이 만들어졌어요. 흥선 대원군은 이런 정치 세력을 무력화하여 왕권을 강화하기 위해 서원을 없앴어요. 또 서원은 국가로부터 많은 지원을 받았는데 서원의 수가 너무 많아지자 나라 살림에 큰 부담이 되었지요. 그것도 모자라 서원이 직접 백성들에게 세금을 걷는 일도 있었어요. 흥선 대원군은 서원이 나라와 백성에게 도움이 되지 않는다며 대대적으로 서원을 정리합니다. 이런 내용을 이해하여 글을 써 보세요.

❷ 경복궁은 조선을 건국하며 한양에 지은 궁궐입니다. 따라서 전쟁으로 불탄 경복궁을 다시 짓는 것은 조선을 다시 일으키는 의미로 여길 수 있습니다. 하지만 오랜 세도 정치로 살기 힘들었던 백성들에게 경복궁을 짓는 일은 큰 부담이기도 했겠지요. 이 두 가지 의미 중 자신이 중요하다고 생각하는 것을 따져서 글을 써 보세요.

3주 2일

핵심 콕콕 역사 퀴즈 94쪽

⭘ (1) ㉢ (2) ㉣ (3) ㉥ (4) ㉠ (5) ㉡ (6) ㉤

⭘ 프랑스 천주교 신부를 죽이는 병인박해가 일어나자 프랑스는 강화도로 쳐들어왔습니다. 이것이 병인양요예요. 병인양요가 일어난 강화도는 뱃길을 따라 바로 한양으로 갈 수 있어서 다른 나라의 침입을 많이 받는 곳이었어요.
한편, 평양에서는 미국의 제너럴셔먼호를 불태우는 제너럴셔먼호 사건이 일어나요. 이 사건을 핑계로 미국도 신미양요를 일으키지요. 흥선 대원군은 척화비를 세우고 서양을 멀리할 것을 알립니다.

서술·논술 완벽 대비 95쪽

❶ '양요'란 서양의 공격으로 일어난 난리를 뜻해요. 그러니까 병인양요와 신미양요는 모두 서양과 치른 전쟁이지요. 그런데 두 사건의 공통점은 모두 통상을 요구했다는 것이에요. 통상이란 나라 사이에 물건을 사고파는 것으로 미국과 프랑스는 각각 쳐들어온 핑계는 달랐지만 결국 통상을 목적으로 조선을 공격했다는 것을 알 수 있어요.

❷ 척화란 친하게 지내는 것을 멀리하는 걸 말해요. 척화비에는 서양과 가까이하는 것은 결국 나라를 파는 것이라고 쓰여 있지요.
서양 세력이 밀려오는 상황에서 조선이 어떻게 하는 게 더 좋은지 생각해 자신의 주장을 써 보세요. 의견을 뒷받침하는 근거로 서양의 침입을 받은 청나라와 서양과 교류를 시작한 일본을 예로 들어 보세요.

3주 3일

핵심 콕콕 역사 퀴즈 100쪽

⭘ (1) ○ (2) × (3) × (4) ○ (5) ×
(6) ○ (7) × (8) ○ (9) ○ (10) ×

⭘ (1) 조선에는 개화를 주장하는 개화파와 쇄국을 주장하는 척화파가 있었어요.

(2) 고종은 흥선 대원군과 달리 다른 나라와 교류해야 한다고 생각하여 개화파들이 활발하게 활동했어요.

(3) 일본의 운요호는 허락도 없이 조선 앞바다에 와서 군사 훈련을 했어요.

(4) 조선군이 운요호를 공격하자 일본은 피해를 보았다며 통상을 요구했어요.

(5) 조선이 최초로 근대적인 조약을 맺은 나라는 일본이에요.

(6) 1876년 조선은 일본과 강화도 조약을 맺었어요.

(7) 강화도 조약은 불평등하게 맺어진 조약이에요.

(8) 치외 법권은 다른 나라의 영토에 머물면서도 그 나라 법에 적용되지 않는 권리예요

(9) 강화도 조약을 맺은 뒤 일본은 부산, 원산, 인천 항구를 통해 드나들게 되었어요.

(10) 일본에서 들여오는 수입품에는 관세를 부과하지 않기로 강화도 조약에서 정했어요.

서술·논술 완벽 대비 101쪽

⭘ 강화도 조약에서 조선의 해안을 마음대로 측량하고 지도를 만든다는 것은 우리 영토를 침범하는 것이라고 볼 수 있습니다. 또 조선 관리의 지도를 받지 않고 일본이 자유롭게 경제 활동을 하는 것은 우리 경제에 피해를 주는 일이 될 수 있어요. 범죄를 저지르고도 조선의 법으로 처벌할 수 없는 것은 사회 질서를 망칠 수 있어서 문제가 큽니다. 강화도 조약의 불평등한 내용을 잘 살펴서 글을 써 보세요.

3주 4일

핵심 콕콕 역사 퀴즈 106쪽

⭘ (1)–(3)–(4)–(6)

⭘ 위정척사파는 유교를 바른 것으로 여기고, 서양 문화를 버려야 할 것이라고 주장했어요. 유학자들이 주로 위정척사를 주장했지요.
임오군란을 막기 위해 들어온 청나라 군대는 백성들에게 환영받지 못했어요. 백성들은 다른 나라의 간섭을 원하지 않았답니다.

서술·논술 완벽 대비 107쪽

❶ 개화파는 다른 나라와의 교류를 통해 조선의 힘을 키우자고 주장했어요. 서양의 과학 기술을 배워야 서양 세력에게 당하지 않는다고 생각했지요.
위정척사파는 바른 것을 지키고, 나쁜 것을 멀리하자고 했어요. 이들이 생각하는 바른 것은 유교 문화이고, 나쁜 것은 서양 문화였지요. 주로 유학자들의 주장으로 우리 것을 지키지 못해 나라를 빼앗길 것을 걱정했습니다.

❷ (1) 신식 군대인 별기군과 구식 군대를 차별하자 화가 난 구식 군대가 들고일어났어요.

(2) 구식 군대는 일본인 교관을 죽이고, 거리에서 일본인도 공격했어요. 또 명성황후가 구식 군대를 차별하는 데 앞장섰다며 궁궐로 쳐들어갔어요.

(3) 흥선 대원군이 나서서 구식 군대를 달래고, 명성황후는 청나라에 도움을 요청하여 청나라 군대가 조선에 들어왔어요. 일본은 임오군란 때 입은 피해를 보상하라고 요구하고, 자기 나라 국민을 지킨다는 명분으로 일본군을 조선에 보냈지요. 임오군란 이후 청나라와 일본의 군대가 모두 조선에 들어오게 됩니다.

3주 5일

핵심 콕콕 역사 퀴즈 112쪽

❶ (1) 온건 개화파 (2) 급진 개화파
❷ (1) ㉢ (2) ㉠ (3) ㉡ (4) ㉣ (5) ㉥ (6) ㉤

❶ 청나라 군대가 조선에 들어온 후 조선에는 빠른 개화를 원하는 급진 개화파와 조선의 것을 지키며 천천히 개화하자는 온건 개화파로 나뉘었어요.

❷ 갑신정변은 1884년 급진 개화파인 김옥균을 중심으로 박영효, 서광범, 서재필 등이 일으킨 사건입니다. 이들은 빠르게 조선을 개화하기 위해 갑신정변을 계획했지요.

서술·논술 완벽 대비 113쪽

❶ 온건 개화파는 서양의 과학 기술을 받아들이는 것에 관심이 있었어요. 우리 것을 지키면서 서양의 과학 기술을 배워 나라를 발전시켜 천천히 개화하자는 쪽이었어요. 하지만 급진 개화파는 서양의 과학 기술뿐 아니라 서양의 제도와 문화까지 받아들여 빠르게 변화하자고 주장했어요. 서로 다른 두 주장을 잘 살펴서 자신은 어느 쪽이 더 좋다고 생각하는지 글로 써 보세요.

❷ 갑신정변은 3일 만에 실패로 끝나요. 김옥균을 비롯한 급진 개화파가 정권을 차지하자 명성황후는 청나라에 도움을 요청하지요. 청나라 군대가 몰려오자 급진 개화파를 돕기로 한 일본은 뒤로 물러났어요. 결국 청나라 군대를 피해 김옥균 일행은 일본으로 도망갔지요.
갑신정변은 근대적인 개혁안을 발표했지만 백성들의 지지를 얻지 못했어요. 거기에 일본을 믿고 시작한 정변이다 보니 돕기로 한 일본이 약속을 지키지 않자 바로 물러날 수밖에 없었어요. 나라의 개혁은 백성의 지지를 얻고 다른 나라의 힘을 빌리지 않고 스스로 할 때 가능하다는 것을 알 수 있지요. 이런 내용을 이해하여 실패 원인을 설명해 보세요.

4주 1일

핵심 콕콕 역사 퀴즈 124쪽

❶ (1) 조병갑 (2) 전봉준 (3) 탐관오리 (4) 동학
❷ ④-②-⑥-⑤-③-①

❶ 동학 농민 운동은 고부 군수 조병갑의 횡포에 고통받던 백성들이 참지 못하고 들고일어나면서 시작되었어요. 전봉준을 중심으로 힘을 모은 백성들은 탐관오리에 맞섰지요.

❷ 고부 군수 조병갑의 횡포에 맞서 시작된 농민 운동을 해결하기 위해 조정에서 관리를 내려 보냈지만 문제 해결은 제대로 하지 않고 농민군만 잡아들였지요. 화가 난 농민군은 더 힘을 모아 전주성까지 차지했어요. 그러자 조정은 청나라에 도움을 청하고, 일본도 조선에 있는 자기 나라 백성을 보호한다며 군대를 보냈지요. 동학 농민군은 다른 나라 군대의 간섭을 막기 위해 조선 조정이 개혁안을 받아들이는 조건으로 스스로 물러났어요.

서술·논술 완벽 대비 125쪽

❶ 개혁안의 내용을 살펴서 동학 농민군이 원하는 세상의 모습을 써 봅니다.
먼저 노비 문서를 없애자는 내용은 평등한 세상을 원한 것입니다. 평등한 세상에 맞게 토지도 고르게 나누어 경제적으로도 공평한 세상이 되기를 원했습니다. 이를 위해 탐관오리와 죄지은 양반을 벌하고, 관리가 마음대로 세금을 걷지 못하게 하는 것이 필요하겠지요. 또 그동안 탐관오리의 횡포와 지나친 세금 때문에 받는 고통이 없어지기를 원했어요. 그리고 일본을 따르는 자를 벌한다는 것은 자주적인 조선을 원한 것입니다.

❷ 동학 농민군이 전주성까지 점령하자 조선 조정은 청나라에 도움을 요청합니다. 청나라 군대가 조선에 들어오고, 일본도 자국민을 보호한다며 군사를 보냈습니다. 동학 농민군은 조선 땅에 다른 나라 군대가 있는 것을 걱정해서 개혁안을 내고 스스로 물러난 것입니다.

4주 2일

핵심 콕콕 역사 퀴즈 130쪽

○ (1) × (2) ○ (3) × (4) ○ (5) ×
(6) ○ (7) ○ (8) × (9) × (10) ×

○ (1) 동학 농민군을 막기 위해 조선의 관군과 일본군이 힘을 모았어요. 그 결과 우금치 전투에서 동학 농민군은 크게 패하고 말지요.

(3) 갑오개혁은 조선 정부가 나선 대대적인 개혁이었지만 자주적이지 못했어요.

(5) 청일 전쟁에서 승리한 일본은 조선에서 청나라를 몰아내고 본격적으로 간섭하기 시작했어요.

(8) 갑오개혁은 동학 농민군의 개혁안을 일부 받아들였지만 토지 제도 개혁안은 없었어요.

(9) 홍범 14조에서는 과거 제도로 관리를 뽑지 않은 데다 문벌을 가리지 않고 인재를 등용하도록 하여, 일본이 원하는 인물을 관리로 쓰기 편하게 했어요.

(10) 갑오개혁은 토지 제도와 군사 제도 개혁이 빠져 있습니다. 자주적인 개혁이 아니어서 농민들의 지지를 받지 못했어요.

서술 · 논술 완벽 대비 131쪽

❶ 갑오개혁은 1894년부터 1896년까지 이어진 근대적인 개혁이었어요. 신분 제도를 없애고, 과부의 재혼을 허용하는 등 근대 사회로 나아가는 내용도 있었지만 주도적으로 개혁하지 못하고, 일본 세력에 의해 이루어져서 많은 한계가 있었지요. 게다가 나라의 힘을 키우는 군사 제도를 개혁하지 않았고, 농민들이 그토록 원했던 토지 제도를 개혁하지 않은 점 등 백성의 지지를 받지 못했습니다. 조선을 발전시키기보다 조선에 일본 세력을 키우는 결과가 되어 아쉬움이 크지요.

❷ 청나라와 일본은 조선을 간섭하기 위해 호시탐탐 기회를 노려 왔어요. 그런데 청일 전쟁에서 일본이 승리한 것이지요. 전쟁에서 승리하며 일본은 청나라의 랴오둥반도를 차지하고, 조선에서 청나라를 완전히 몰아냈어요. 조선에서 힘겨루기를 하던 청나라를 몰아냈으니 이제 일본의 간섭은 더 심해질 것을 예상할 수 있어요.

4주 3일

핵심 콕콕 역사 퀴즈 136쪽

❶ (1), (3), (4)
❷ (4)

❶ 삼국 간섭은 러시아, 프랑스, 독일이 나서서 청일 전쟁으로 일본이 차지한 랴오둥반도를 청나라에 돌려주라고 요구한 사건이에요.

❷ 삼국 간섭 이후 명성황후는 러시아를 이용해서 일본의 힘을 누르려고 합니다. 일본은 명성황후를 죽여 조선에서 러시아가 힘을 발휘하는 것을 막기 위해 을미사변을 일으키지요.

서술 · 논술 완벽 대비 137쪽

❶ 일본이 청나라의 랴오둥반도를 차지하자 러시아는 남쪽으로 진출하기 어려워졌습니다. 그러자 독일, 프랑스와 함께 랴오둥반도를 청나라에 돌려주라고 해요. 당시 제국주의 국가들은 자기 나라의 이익을 위해 전쟁을 벌이기도 했지만, 때로는 힘을 모으기도 했거든요.

❷ 을미사변은 일본의 자객이 우리나라 왕비를 죽인 끔찍한 사건입니다. 세계 역사에서 찾아보기 힘든 일이지요. 하지만 사건을 저지른 일본인들은 벌을 받지 않았어요. 그들에게는 치외 법권이 있었기 때문이에요. 강화도 조약에서 일본인은 우리나라에서 범죄를 저질러도 우리 법에 따라 심판받지 않는다는 치외 법원을 인정했거든요.

4 주 4일

핵심 콕콕 역사 퀴즈 142쪽

◉ (1) ○ (2) × (3) ○ (4) × (5) ○

◉ (2) 독립신문은 우리나라 최초의 한글 신문이에요.

(4) 을미사변으로 명성황후가 죽자 두려움을 느낀 고종 황제는 러시아 대사관으로 몸을 피했어요. 이것을 '아관파천'이라고 해요.

서술·논술 완벽 대비 143쪽

❶ 고종은 일본에 대한 두려움과 을미사변 이후 일본이 을미개혁을 단행하는 등 세력이 커지자 러시아 공사관으로 몸을 피해요. 그리고 친일 관리들을 몰아내고 러시아와 가까운 인물을 관리로 뽑지요. 조선에 러시아 세력의 힘이 커진 거예요. 그러자 러시아는 조선의 광산을 개발할 권리, 나무를 베어갈 수 있는 권리 등을 얻어 경제적 이득을 얻어요.

❷ 지도를 보면 러시아, 미국, 영국, 일본, 프랑스가 조선의 광산을 개발할 권리, 나무를 베어갈 수 있는 권리를 얻거나, 철도, 전화, 전기 건설을 맡은 것을 알 수 있어요. 이 나라들이 조선에서 경제적 이득을 얻은 것이지요. 당시 힘 있는 나라들은 힘이 약한 나라에 가서 많은 경제적 이득을 취하곤 했는데요. 조선도 강대국의 먹잇감이 된 것을 알 수 있어요.

4 주 5일

핵심 콕콕 역사 퀴즈 148쪽

◉ (1) × (2) ○ (3) ○ (4) × (5) ○ (6) ○

◉ (1) 만민 공동회는 독립협회에서 주관한 행사로 많은 사람들이 모여 나라 문제를 토론하곤 했어요. 그런데 고종 황제가 독립협회를 없애면서 만민 공동회도 없어졌지요. 만민 공동회가 사라지면서 국민들의 정치에 대해 관심도 줄어들었습니다.

(4) 독립협회는 의회 중심 정치를 주장했지만 고종 황제는 황제의 권한을 강화했어요. 그래서 독립협회와 갈등했고, 결국 고종 황제는 독립협회를 해체시키지요.

서술·논술 완벽 대비 149쪽

❶ 고종 황제는 대한 제국을 선포하고 황제가 됩니다. 이것은 일본을 비롯한 다른 나라의 간섭에서 벗어나 자주 독립국가임을 널리 알리기 위한 것이었어요. 그리고 의욕적으로 광무개혁을 추진했어요. 옛것을 기본으로 하여 새것을 받아들여 나라를 강하게 하고자 한 것이지요. 고종의 이런 생각을 이해하고 글을 써 보세요.

❷ 고종은 황제 중심의 정치를 하고 싶어서 의회 정치를 주장하는 독립협회를 없앴어요. 그동안 독립협회는 만민 공동회를 열어 국민이 자유롭게 토론하게 하고, 나랏일에 대한 국민의 의견을 모으고, 국민의 의견을 나랏일에 반영했어요. 또 독립협회에서 만든 〈독립신문〉은 나라 안팎의 일을 알려 나랏일에 대한 국민의 관심을 높였지요. 이런 독립협회의 기능을 생각하여 자신의 생각을 글로 써 보세요.

1주

15쪽 김육 초상 · 호서대동사목(실학박물관), 상평통보(국립중앙박물관) | 18쪽 탕평비(한국학중앙연구원) | 19쪽 영조 어진(국립고궁박물관) | 21쪽 융릉(한국학중앙연구원) | 24쪽 규장각도(국립중앙박물관) | 25쪽 무예도보통지(한국학중앙연구원) | 27쪽 화성원행반차도(국립중앙박물관) | 31쪽 화성성역의궤(국립중앙박물관) | 33쪽 화성능행도(국립고궁박물관), 서북공심돈 · 장안문 · 화홍문 · 화서문 · 창룡문 · 봉돈 · 팔달문 · 화성행궁(수원시청) | 39쪽 행상(국립중앙박물관)

2주

49쪽 목민심서(국립중앙박물관) | 51쪽 열하일기(한국학중앙연구원) | 54쪽 공명첩(국립전주박물관) | 56쪽 홍길동전(국립한글박물관) | 57쪽 하회 별신굿 탈놀이(클립아트) | 61쪽 대동여지도(국립중앙박물관), 대동여지전도(국립민속박물관) | 62쪽 혼일강리역대국도지도(규장각한국학연구원) | 63쪽 곤여만국전도(규장각한국학연구원), 자산어보(규장각한국학연구원), 씨름(국립중앙박물관), 금강산도(고려대학교박물관), 단오풍정(간송미술관) | 67쪽 옥호정도(국립중앙박물관) | 73쪽 천로역정(국립민속박물관) | 75쪽 용담유사(국립한글박물관) | 서당(국립중앙박물관)

3주

84쪽 흥선대원군(국립중앙박물관) | 87쪽 경복궁 근정전(셔터스톡), 당백전(국립중앙박물관) | 92쪽 절두산 천주교 성지(한국학중앙연구원) | 93쪽 척화비(한국학중앙연구원) | 97쪽 강화 초지진(한국학중앙연구원) | 98쪽 강화도 연무당(국립중앙박물관) | 103쪽 별기군(국사편찬위원회) | 105쪽 일본 공사 관원(국립중앙박물관) | 109쪽 우정총국(한국학중앙연구원), 갑신정변 주요 인물(독립기념관)

4주

120쪽 만석보 유지비(한국학중앙연구원) | 121쪽 사발통문(동학농민혁명기념재단) | 122쪽 장태(동학농민혁명기념관) | 135쪽 명성황후 국장 사진 엽서(국립민속박물관) | 139쪽 최익현(국립중앙박물관) | 140쪽 고종과 순종 영친왕(국립중앙박물관) | 141쪽 독립신문(국립민속박물관) | 144쪽 환구단의 황궁우(한국학중앙연구원) | 146쪽 1902년 전차(한국전력공사 전기박물관) | 147쪽 독립문(한국학중앙연구원)

* 이 책에 실린 사진은 보유하고 있는 기관 및 단체와 저작권자의 허락을 받아 게재했습니다.
* 저작권자를 찾지 못해 허락을 받지 못한 사진은 저작권자를 확인하는 대로 게재 허락을 받은 뒤 통상 기준에 따라 사용료를 지불하겠습니다.

MEMO